KARL KÖNIG

Über die menschliche Seele

Heilpädagogik
aus anthroposophischer Menschenkunde
9
Schriftenreihe der Medizinischen Sektion
am Goetheanum Dornach
Herausgegeben von Hans Hasler,
Hans Müller-Wiedemann und Kurt Vierl

KARL KÖNIG

Über die menschliche Seele

VERLAG FREIES GEISTESLEBEN

Die Deutsche Bibliothek – CIP-Einheitsaufnahme

König, Karl:
Über die menschliche Seele / Karl König. – 3. Aufl. –
Stuttgart : Verlag Freies Geistesleben, 1992
(Heilpädagogik aus anthroposophischer Menschenkunde; 9)

ISBN 3-7725-0902-9

NE : GT

Erstveröffentlichung in ‹Aspekte der Heilpädagogik›, Stuttgart 1969
3. Auflage 1992
Einband: Doris Hecht

Druck: Beltz-Rübelmann, Hemsbach

Inhalt

Zur Einführung

Die hier veröffentlichten Aufsätze wurden ursprünglich in englischer Sprache in den fünfziger Jahren geschrieben[1] und 1969 als Teil des vergriffenen Sammelbandes «Aspekte der Heilpädagogik» in deutscher Sprache herausgegeben. Seither sind auch Einzelausgaben in englischer und französischer Sprache erschienen.

Wenn dies jetzt für den deutschen Sprachraum geschieht, so auch deshalb, weil unter den in der anthroposophischen Sozialtherapie Tätigen der Wunsch nach einer Phänomenologie seelischer Erscheinungen besteht, die im Umgang mit Seelenpflege-bedürftigen Menschen Führer sein kann im helfenden Verständnis der Taten und Leiden der menschlichen Seele.

Aufgrund der Tatsache, daß nur wenig grundsätzlich einführende Literatur[2] über das Wesen der Seele, welche auf den Forschungen Rudolf Steiners aufbaut, vorliegt, ist es zu begrüßen, daß der Verlag sich zu dieser Wiederveröffentlichung entschlossen hat. König hat diese Aufsatzreihe als einen ersten Versuch verstanden, in einer Psychologie, welche den Begriff der Seele immer mehr aus ihrer Terminologie verdrängt hat, die Seele selbst zur Sprache zu bringen. Insofern dokumentiert diese Veröffentlichung auch eine bestimmte kritische und streitbare Absicht des Autors, die sich vor allem auf die Psychologie der fünfziger und der beginnenden sechziger Jahre bezieht, welche in ihren maßgebenden Persönlichkeiten den einzelnen Menschen als einen Teil der allgemeinen Naturgesetze und die seelische Entwicklung als evolutionäre Anpassungsstrategien des Menschen beschreibt.

Es handelt sich – dies sei gleich gesagt – nicht um eine Einführung in eine geisteswissenschaftliche Psychologie und auch nicht um eine direkte Fortführung einer von Rudolf Steiner begründeten und angeregten Psychosophie, sondern um eine Wesenskunde der alltäglichen Sprache der Seele, die zwischen ihrer Gebundenheit durch die Sinne und ihrer intentionalen und transzendeten geistigen Veranlagung lebendig und dauernd den geheimnisvollen Vorgang vollbringt, die Welt schöpferisch zu wandeln und damit an deren Entwicklung aktiv teilzunehmen. In dem Maße, in dem der Mensch diese Kraft als Taten und Leiden der Seele begreift, beginnt er sich selbst im Weltenganzen zu begreifen. Auf diesem Wege möchten diese Aufsätze eine Hilfe sein.

1 Die Studien über die menschliche Seele erschienen erstmals 1959 in der englischen Zeitschrift der Camphill-Bewegung «The Cresset».

2 Dazu gehören:
Walther Bühler: «Der Leib als Instrument der Seele», Stuttgart ^{11}1990.
Georg Kühlewind: «Das Leben der Seele zwischen Überbewußtsein und Unterbewußtsein»,Stuttgart ^{2}1986.
Rudolf Treichler: «Die Entwicklung der Seele im Lebenslauf», Stuttgart ^{4}1992.
F. W. Zeylmans van Emmichoven: «Die menschliche Seele», Basel ^{2}1979.

Wer eine nach naturwissenschaftlichen Erkenntisparadigmen objektivierende Psychologie sucht, wird sich in der Sprache Königs und der Dichte der Bilder, die er gebraucht, zunächst provoziert fühlen. Für König ist Seelenerkenntnis Selbsterkenntnis, d.h. Psychologie ist nur insofern fruchtbar, als der Erkennende sich durch die vitale Sprache und die lebendigen Bilder der Seele selbst belehren läßt und die Quelle der Belehrung im Geist findet. Insofern hat Königs Ansatz den homo patiens zuallererst im Blick, der sich erst von daher zum Kreator erwürdigen kann. Diese, wie mir scheint, bemerkenswerte Ausgangslage hängt wohl damit zusammen, daß diese Aufsätze auf Arbeitsnotizen Königs in den frühen vierziger Jahren in der Diaspora in Schottland noch während der apokalyptischen Kulmination des zweiten Weltkrieges zurückgehen, einer Zeit, in welcher König die Kreatürlichkeit des Menschen vor Augen treten mußte und die christliche Erlösungshoffnung durch das Aufrufen tätiger Erkenntniskräfte besonders nahe war. Es kann durch diese biographische Voraussetzung, deren Wirklichkeit auch in den späteren Bearbeitungen der Aufsätze noch mitschwingt, die existentielle Vitalität der Bilder, die König verwendet, verständlich werden, ebenso wie die drängend-forschende, gestraffte und nicht immer leicht nachvollziehbare inspirative Dynamik seiner Ausführungen.

Der Leser, der nicht Anfänger in diesem Felde ist, wird sich einerseits angeregt fühlen, im Dialog mit König Aussagen durch eigenes Erfahrungsgut zu korrigieren, andererseits aber auch überrascht von seinen Aspekten und Hinweisen, welche einen Durchblick auf eine geistige Welt öffnen, die jenseits der Bewußtseinsschwelle zu finden ist, welche den alltäglichen gewohnten Rahmen seelischer Erscheinungen bestimmt. Es scheint mir wertvoll, darauf hinzuweisen, daß König diese Schwelle hier fortwährend überschreitet, um zu den Quellen vorzudringen, aus deren Wasser sich die Seele speist und in denen die Sprache der Seele urständet. Diese Quelle ist zunächst dem alltäglichen Bewußtsein nicht eröffnet. König versucht sie in erster imaginativer Schau sichtbar zu machen in Bildern, die, wie prinzipiell alle Imaginationen, die Spuren eigener Erfahrung tragen. Die Früchte geisteswissenschaftlichen Studiums und die Phänomene der unmittelbaren Erfahrung treffen sich in den Aufsätzen in einem alchymischen Prozeß eigenständiger Verarbeitung.

Die Herausgeber haben sich entschlossen, den Text im Original zu belassen und auf eine Überarbeitung mit Heranziehung neuerer anthroposophischer Forschungsergebnisse und gegenwärtiger psychologischer Strömungen wie etwa der phänomenologischen, der kognitiven oder der konstruktivistischen Forschung zu verzichten. Diese Einschränkung schein um so angemessener, als König seine Versuche nicht etwa als eine umfassende Seelenlehre verstanden wissen wollte. Andererseits wird deutlich, daß König an den wissenschaftlichen Entwicklungsmomenten seiner Zeit umfassend, engagiert und kritisch teilgenommen und sie in seine Aufsätze, ohne eigene Originalität zu verleugnen, eingebracht hat.

Abschließend möchte ich mir erlauben, dem Leser den Rat zu geben, die

Bilder, die König gebraucht, sowie deren sprachliche Formulierung zunächst unvoreingenommen auf sich wirken zu lassen, wie etwa diese: «Das Bewußtsein ist die Arche, in der wir leben», oder in dem Kapitel über die Sinne: «Die Seele beginnt zu verstehen, daß Licht und Ton, Brot und Wein ihres Lebens, die geheiligten Werkzeuge für das Sein des Geistes sind». Der Leser wird, wenn er den Ansprüchen Königs zu genügen gewillt ist, bemerken, daß die Bilder eine Wandlungskraft der eigenen Seele in sich tragen, auf deren Flügeln das Land des Geistes erreicht werden kann, woher allein die Seele sich selbst versteht. Gegenüber einer nur seelische Erscheinungen objektivierenden Methode der Psychologie geht König im Sinne Rudolf Steiners auf den in den Erscheinungen sich offenbarenden Geist als einen tätigen zu. Nicht die Erscheinungen, in denen sich der Geist darlebt, sind Gegenstand der Psychologie, sondern dieser selbst. Eine wahrhafte Psychologie ist nur zu gewinnen, wenn man auf die Beschaffenheit des Geistes als eines Tätigen eingeht (R. Steiner).

Imaginationen stehen an der Schwelle der seelischen Erscheinungen zum Geist. Man kann sie gewissermaßen nach «unten» hin in Richtung seelisch-leiblicher Ausdrucksgestalten lesen, nach «oben» auf ihren geistigen Ursprung hin, in welchem sich der Mensch als ewige Individualität und deren irdische Metamorphosen leiblich-seelischer Phänomene entdecken kann.

Sommer 1988 *Hans Müller-Wiedemann*

Vorbemerkung

Die hier folgenden Aufsätze wurden vor einigen Jahren für ein englisches Publikum in englischer Sprache abgefaßt und in der Zeitschrift «The Cresset» – dem Organ der Camphill-Bewegung – veröffentlicht. Aus diesem Grunde mußte der Inhalt, der zum Ausdruck gebracht werden sollte, notwendigerweise in eine englische Sprachhülle eingekleidet werden. Aber: «Kleider machen Leute!» So präsentierten sich die zu erörternden Phänomene in einem englischen Anzug, der sie wohl nicht grundlegend änderte, ihnen aber dennoch eine bestimmte Nuance und Färbung gab. Es ist eben nicht dasselbe, ob man einen Gegenstand in englischer, japanischer oder italienischer Sprache behandelt. Wären diese Aufsätze ursprünglich für eine deutsche Leserschaft abgefaßt worden, dann hätten sie anders geklungen. Da aber zu einer Neufassung keine Zeit war, muß mit einer Übersetzung des Textes vorlieb genommen werden. Kaum jemand anderer wäre besser dafür geeignet gewesen als Frau Krück von Poturzyn, die durch ihr Einfühlungsvermögen die bestmöglichste Metamorphose aus der einen in die andere Sprache zustande gebracht hat. Trotzdem bleiben einige Hürden bestehen, die sich nur durch künstliche Maßnahmen nehmen oder umgehen ließen. Vor allem war es das englische Wort «mind», dessen Übersetzung uns große Mühe gemacht hat. Es gibt dafür kein brauchbares Äquivalent im deutschen Sprachraum. Und doch drückt es einen ganz wichtigen und umfassenden Bereich der menschlichen Seele aus. Von den im Deutschen zu verwendenden Worten deckt aber keines das Gesamtgebiet, das mit «mind» umschrieben wird. Weder «Vernunft» noch «Gemüt», noch «Absicht» oder «Vorhaben», noch «Geist», «Gedanke», «Meinung» und «Gedächtnis» können dafür gebraucht werden. Denn mit «mind» bezeichnet die englische Sprache jenes Gebiet unseres Seelenlebens, das alle bewußten psychischen Inhalte enthält. Der Raum unseres Tagesbewußtseins sowohl als auch dessen einzelne Bestandstücke werden damit gemeint. Dieser so weite Begriff wurde in den folgenden Ausführungen dort, wo er in seiner umfassenden Form verwendet wird, dem besseren Verständnis zuliebe mit dem englischen Wort «mind» statt einer Übersetzung bezeichnet. Durch diese Maßnahme glauben wir, dem deutschen Leser am besten gedient zu haben. Außerdem haben wir uns bemüht, Zitate aus der englischen Literatur so gut als möglich zu übertragen; für zunächst rückübersetzte Zitate aus deutschen Büchern wurden – soweit das noch möglich war – die Originaltexte wieder eingesetzt. Es ist zu hoffen, daß trotz dieser Unstimmigkeiten das eigentliche Anliegen des Verfassers – nicht über Psychologie etwas zu sagen, sondern die Seele selbst sich aussprechen zu lassen – verständnisvolle Aufnahme finden wird.

I. Moderne Psychologie und die menschliche Seele

Die folgende Aufsatzreihe soll einen ersten Versuch darstellen, ein Kapitel der Psychologie aufzuschlagen, das lange Jahre stark vernachlässigt wurde: das Kapitel über die menschliche Seele. Es mag anmaßend klingen, zu sagen, die Psychologie handle gar nicht von ihrem Objekt, der Psyche, der menschlichen Seele; dennoch ist es so. Sie behandelt einerseits die bewußten psychischen Inhalte des Menschen, andererseits versucht sie, sich auf das weite Gebiet des Unbewußten einzulassen. Aber die Seele selbst, dieses wahrhafte Wesen des Menschen, fehlt in der Psychologie.

Ist es überhaupt möglich, den Unterschied zwischen «mind» und Seele zu definieren? Zwischen der Seele und dem Unbewußten? Ist es überhaupt erlaubt, in wissenschaftlicher Terminologie über die menschliche Seele zu sprechen? Gewöhnlich wird dieses Wort und der Begriff, der dahinter steht, nur von Theologen und Dichtern gebraucht. Sein Wert in der heutigen Wissenschaftssprache ist gleich null; ja, noch weniger als null, denn jene, die es gebrauchen, werden sofort als Mystiker oder als ideologische Käuze verdächtigt.

Jedoch, wenn wir versuchen, die Bedeutung einer Redewendung wie «in mind and soul» zu verstehen oder andere Ausdrücke, in denen das Wort «Seele» vorkommt, empfinden wir die «Seele» als etwas durchaus Verschiedenes von dem, was wir mit dem Wort «mind» ausdrücken wollen. Auch wenn das Evangelium sagt: «Was hülfe es dem Menschen, wenn er die ganze Welt gewänne und an seiner Seele Schaden litte», so kann man diese Seele nicht mit «mind» gleichsetzen. Mit Hilfe von «mind» sind wir fähig, die Welt zu erfassen, aber nicht mit der Seele. Sind «mind» und Seele Gegensätze? Das nicht, aber sie sind verschieden voneinander, und diese Verschiedenheit wird nicht aus der Welt geschafft, indem wir die Realität der Seele leugnen und ihr die Existenz absprechen.

Dieses aber geschieht heutzutage immerzu, und kaum ein Fachpsychologe denkt daran, das Wort «Seele» zu gebrauchen, obwohl er deren Namen in seinem Titel führt, denn Psychologie ist das griechische Wort für die «Wissenschaft von der Seele». Schon McDougall war gezwungen, dieses Dilemma zu vermeiden, als er die Grenzen der Psychologie umriß: «Das Ziel der Psychologie ist, unsere Erkenntnis der menschlichen Natur exakter und systematischer zu gestalten . . .»[1] Er stülpt also das Ziel über das Subjekt und definiert Psychologie als «Erkenntnis der menschlichen Natur». Doch ist die gleiche Erkenntnis ebensogut Angelegenheit von Anatomie, Physiologie, Psychiatrie, Anthropologie und vielen anderen Zweigen der Naturphilosophie und Naturwissenschaft; sie alle tragen zur besseren Erkenntnis der menschlichen Natur bei.

Die moderne Psychologie, unfähig, die menschliche Seele zu erklären, gleicherweise unfähig, ihre Auswirkungen zu leugnen, ersetzt sie durch andere Ausdrücke. Ein solches substituiertes Wort, das einen Schleier vor das Bild der Seele zieht, ist «Persönlichkeit». Es gibt «persönliche Wesenszüge», «Persönlichkeits-Teste», «Persönlichkeits-Werte» und viele andere dieser irreführenden Benennungen; sie verbergen die Wahrheit der Seele, um über ihre Existenz hinwegsehen zu können.

Das Seelenwesen wird somit entweder verleugnet oder schamvoll hinwegdisputiert. Triebe und Motivationen, Intelligenz und Lebensgewohnheiten, Begriffe und Faktoren existieren, werden statistisch erfaßt und meist in alberner Art analysiert und interpretiert. «Nimm soviel Wesenszüge und Motivationen, Reaktionen und Faktoren, als dir unterkommen. Erkläre sie mit den Ausdrücken tierischer Verhaltensweise oder unterschiebe Freudsche Interpretationen und alles ist gut.» So etwa heißt der Trend der heutigen Psychologie, die von der noch unreifen Forschung Amerikas und der intellektuellen Überspitztheit moderner britischer Philosophie stark beeinflußt wird.

Daher ist es gut zu begreifen, daß sich aus dem Chor der Psychologen plötzlich eine Stimme heraushebt, die behauptet: «Die Psychologie ist die undisziplinierteste von allen Disziplinen, Wiege und Tummelplatz für jede Extravaganz; ein babylonischer Turm für alle bekannten und unbekannten Sprachen; eine Münzstätte für Nachahmungen und Falschgeld; der Handelsplatz für jeden Hausierer in weithergeholten und unwahrscheinlichen Theorien[2].» Wenn dies das Urteil eines Professors der Psychologie ist, können wir uns ihm ruhig anschließen.

Die Psychologie ist ein Marktplatz geworden, weil sie die *Existenz* ihres Objektes – die menschliche Seele – leugnet; ein babylonischer Turm, weil immer mehr und mehr Worte, Terminologien, Namen und Kategorien eingeführt werden für das, was sonst ganz einfach menschliche Seele heißen könnte. Sie ist eine Münzstätte, weil anstatt von Realitäten mit gemünzten Abstraktionen gehandelt wird.

Ist es in diesem Fall nicht besser, die Grenzen der modernen psychologischen Untersuchungen hinter sich zu lassen und sich in das unbekannte Gebiet der menschlichen Seele vorzuwagen? Ist es möglich, sich auf diesem Wege so weit vorzutasten, daß uns ein erstes schwaches Licht entgegenkommt?

[1] William McDougall: «An Outline of Psychology» (London 1923).
[2] John Cohen: «Humanistic Psychology» (London 1958).

«Mind» und Seele

Müßig wäre es, die Bedeutung des Wortes Seele darzulegen. Es bezieht sich auf etwas, von dem wir wissen, daß es irgendwie in den Tiefen unseres Wesens existiert, auch wenn diese Existenz fortdauernd geleugnet und absichtlich verschleiert wird. Es ist ebenso schwer, das Wort «Seele» zu definieren wie das Wort «mind». Wir erwähnten bereits die Verschiedenheit der beiden Begriffe und werden nun versuchen, unser eigenes Innere zu fragen, was wir meinen, wenn wir «mind» sagen, und was wir fühlen, wenn wir über eine «Seele» sprechen.

Machen wir die Sprache zu unserem Lehrer, dann finden wir eine große Anzahl von Vorstellungen und Begriffen, die von dem Wort «mind» sprechen. So sagt man im Englischen zum Beispiel «I can change my mind», das würde etwa dem deutschen «ich habe mich anders besonnen» entsprechen. So heißt es auch im Englischen «I may follow my mind», das heißt, «ich will meinem Kopf folgen». «I can make up my mind» heißt «sich für etwas definitiv entscheiden», und «to set my mind to something» heißt «meinen Sinn auf eine Sache richten». Jedesmal drückt das Wort «mind» den leitenden Faktor innerhalb meines Tagesbewußtseins aus. Dieses, was durch «mind» ausgedrückt ist, welchem ich folgen kann, welches ich auf etwas Bestimmtes richten kann, welches etwas entdeckt und dadurch geändert wird, strahlt gleich einem Licht. Ist es nicht einer Lampe gleich, die in das sonst dunkle Reich meines Selbstes hineinleuchtet?

Dieses Wort hat aber auch noch eine andere Bedeutung. Wenn ich im Englischen sage «I bear something in mind» oder «I keep it in mind» oder gar, wenn ich «in mind of something» bin, dann heißt es, daß ich mich einer Sache dauernd erinnern will oder daß ich etwas in mir erwecke, was anderseits im weiten Raum des Unbewußten meines Gedächtnisses verschwunden wäre. Hier wird durch «mind» wieder etwas ausgedrückt, das ich ins Licht des Tagesbewußtseins hebe, um es vor dem Vergessen zu bewahren.

Die folgenden Sätze drücken nun eine wiederum andere Vorstellung des gleichen Wortes aus. Im Englischen sagt man «mind your own business» und will damit zum Ausdruck bringen, daß sich jemand um seine eigenen Dinge scheren soll und nicht um die, die ihn nichts angehen. Man sagt ebenso «never mind him» oder «he does not mind» und will damit zum Ausdruck bringen, daß man etwas, was einem nicht zugehört, nicht stören möchte. In gleicher Art stellt man die Frage: «Do you mind?», wenn man jemanden um etwas bittet oder für etwas Erlaubnis haben möchte. Wir wenden uns damit an die bewußte Sphäre eines anderen Menschen oder unserer selbst. Was wollen wir wirklich, wenn wir jemanden fragen: «Would you mind me doing a certain thing?» Ich mache ihn auf etwas, was ich tun möchte, aufmerksam, und in ähnlicher Art wende ich mich an jemanden, von dem ich nicht möchte, daß er seine Aufmerksamkeit dem zuwendet, was ich tun will, und bitte ihn dann «to mind his own business». Es ist wieder die Lampe, die leuchtet, an die ich mich wende. Es ist, als würde ich sagen: Scheine mich an und sage mir, ob mein Tun in deinem Licht bestehen kann. In ähnlicher Art bitte ich einen anderen Menschen, sein Licht von mir wegzuwenden und dadurch nicht das Leuchten meiner eigenen Lampe zu stören.

Wenn jemand «off his mind» ist, das heißt, wenn er nicht «bei Trost» ist, dann hat er sein Urteilsvermögen verloren. Andererseits aber, wenn eine Gruppe von Menschen «of one mind» ist, dann leuchten ihre individuellen Lampen einmütig zusammen ohne jeden Mißton.

Wie sehr verschieden und vielfältig die Bedeutung dieses kleinen und doch großen Wortes auch sein mag, jedesmal weist es auf das *Licht des Bewußtseins* hin. Es beschreibt dieses besondere Glied unseres geistigen Daseins, das im Licht des Selbstbewußtseins steht.

Der Ursprung dieses Wortes ist vielfältig. Es kommt von dem angelsächsischen «gemynd», das Gedächtnis. Es hat auch eine Wurzel in dem angelsächsischen «munan» (denken) und ist tief verbunden mit dem lateinischen Wort «mens». Das letztere ist dasselbe wie «mind». Es beschreibt so etwas wie «Vernunft», «Intelligenz», «Urteil», wie zum Beispiel in den lateinischen Redensarten «mens et ratio» und «mens sana in corpore sano».

Deswegen können wir «mind» mit «mens» und «mental» verbinden sowohl als auch mit «gemynd» und «munan». Sie alle aber führen zu einem einzigen Wort zurück, und das ist das Wort «man», der Mensch. Der Mensch ist dasjenige Wesen auf Erden, das das Licht des Bewußtseins besitzt: das ist «mind».

Das Wort Seele hingegen ist identisch mit dem angelsächsischen «sawel» und dem englischen «soul». Wir wissen nicht, wo die Wurzel dieser verwandten Worte gefunden werden kann. Wir nennen jemanden eine «gute Seele» oder eine «arme Seele»; beide Ausdrücke sind nicht sehr anerkennend, sie bedeuten eher eine Art von wohlwollender Überlegenheit über die «arme» oder «gute Seele».

Andererseits gibt es den Ausdruck «mit Herz und Seele» im Deutschen so gut wie im Englischen, er bedeutet das tiefste Wesen des Menschen. Mehr als «Herz und Seele» kann man an eine Aufgabe nicht hingeben, weil damit alles ausgedrückt ist, was der Mensch geben kann. Es handelt sich nicht um das zielbewußte Tun des Verstandes noch um die ganze Sphäre der Bewußtheit. Es bedeutet, «alles und jedes», was der Mensch hat – seinen Leib und seinen Geist, sein Herz und seine Seele –, gibt er hin an eine bestimmte Sache.

Im Englischen gibt es eine Schwurformel, die heißt «on soul and conscience». Wenn ein Arzt zum Beispiel seine Meinung über einen Patienten vor Gericht abgibt, dann schwört er «on soul and conscience» – bei seiner Seele und seinem Gewissen –, daß er nicht nur die Wahrheit sagt, sondern mehr als die Wahrheit. Daß er hinter seiner Aussage mit Leib und Leben steht. Diese Verbindung der Worte Seele mit dem Herzen einerseits und dem Gewissen andererseits ist sehr bezeichnend. Sie enthüllt die Weisheit der Sprache und deutet in die rechte Richtung. Wir werden nun mit dem Licht von «mind» versuchen, in das verborgene Land unserer Seele einzutreten.

Wir nähern uns dem Land der Seele

Indem man zurückschaut auf jenes Land der «Menschennatur», das die modernen Psychologen bloßgelegt haben, können wir uns fragen: Was fehlt denn all diesen Begriffen von Trieben, Motivationen, Einstellungen, Wesenszügen und so weiter? Die Antwort kann leicht gegeben werden: Es ist ein graues, farbloses Land, in dem vieles vorgeht, doch entbehren alle Dinge der Schönheit, sie haben weder Anmut noch Würde, sie sind nur einfach existent. Und plötzlich gewahren wir, daß der Mensch als Individualität seiner Wunder und seiner Schönheit beraubt wurde, seiner Schmerzen und Freuden – nur um seine Existenz erklärbar zu machen.

Seiner Seele beraubt! So steht der Mensch in dem schamlosen Neonlicht der modernen Psychologie. Sein grünlich beleuchtetes Gesicht ähnelt mehr einer Leiche als einem lebenden Wesen.

Und wieder fragen wir: Was ist «diese Seele», die hier fehlt? Wenn wir versuchen, in unsere Kinderzeit zurückzusehen und einige Erinnerungen wachzurufen, wird jeder von uns an glücklich und unglücklich Erlebtes denken. Da sind wir in früher Kindheit mit unseren Eltern gereist, haben Verwandte besucht, mit anderen Kindern gespielt, erlebten Niederlagen und Triumphe. Wie farbig sind diese Erinnerungen! Jede einzelne ist durchsetzt von tiefen Empfindungen, starken Gefühlen, von Herzhaftigkeit und Wagemut.

Ich erinnere mich, als Kind von sieben oder acht Jahren durch einen Wald gegangen zu sein. Es war ein Sommermorgen, und noch jetzt sehe ich die Sonne durch das Blätterdickicht scheinen. Plötzlich blieb ich stehen, mein Herz schlug schneller, ein bisher unbekannter Schreck durchzuckte mich. Vor mir tauchte eine Schlange auf. Sie hob den Kopf und sah mich an. Nichts geschah. Die Furcht lähmte mich, und die Schlange glitt hinweg. Ich kehrte um und ging dem Hause zu. In meinem Innern war ein Aufruhr, obwohl ich nicht wußte, warum und wieso, und gleichzeitig versuchte ich, mich zu beruhigen. Von diesem Augenblick an war ich verändert. Die Furcht, das Unendliche, das Unbekannte waren mir nähergerückt, und mich überkam eine Besinnlichkeit. Die Schlange hatte meine Gedankenwelt wachgerufen.

Die meisten meiner frühen Erinnerungen – und das gilt für die Mehrzahl der Menschen – sind voll Farbe und Geheimnis. Die Kindheit hat einen farbigen Schein, einen märchenhaften Zauber. Die geringste Kleinigkeit ist umstrahlt von Wunder und Grauen. Hinter jeder Tür wartet ein Geheimnis, an jeder Straßenecke ein Rätsel. Die Gestalten unserer Phantasie waren weit lebendiger als jene der Lebenden um uns. Wie fremd und fern konnten die Eltern uns erscheinen, wenn wir mit Robinson Crusoe lebten und litten, wenn Gulliver uns in das Land der Zwerge und Riesen entführte und wir seine Abenteuer wahrscheinlich viel intensiver erlebten als er selbst. In solchen Zeiten wurde die Schule zum fernen, unwirklichen Nebelland.

Waren nicht die ersten Freundschaften überwältigendes Erlebnis? Wie tief bewunderte ich meine ersten Freunde! Wie liebte und verehrte ich das erste kleine Mädchen, das Eindruck auf mich machte. Wer war dieses «Ich»? Es war dasselbe Ich, das ich heute bin, und doch wie verschieden! Mit Herz und Seele war man verwoben in alle Erlebnisse, jedes Ereignis wurde zum Abenteuer, jede Begegnung zum unvergeßlichen Geschick. Wir mochten den Abend nicht, weil er den Tag beendete.

Zu anderen Zeiten wünschten wir, daß die Tage ein Ende hätten, weil unser Gewissen uns bedrückte und wir uns schwer vorstellen konnten, wie weiterleben. Unsere Gefühle, kräftig und farbenreich, füllten die Schale unserer Existenz randvoll mit Bildern, Phantasien und Träumen, die auf und ab fluteten.

Wir rannten durch die Straßen, unbeschützt und unbewußt der ringsum drohenden Gefahren. Ein Hauch von Geborgenheit umgab all unser Tun, und unsere Körper funktionierten scheinbar ohne bestimmte Führung. Wie auf einem Seil, mit verbundenen Augen, gingen wir durchs Leben, Schritt für Schritt, und allmählich bildete sich unser Verstand heraus. Sein Licht begann zu scheinen, unser Sinnen fing an, sich auf bestimmte Aufgaben zu richten. Wir erledigten unser Schulpensum, erkannten unsere Umgebung, folgten der Meinung des Lehrers und nahmen die Schulfächer in uns auf.

Aber je heller das Verstandeslicht uns schien, desto blasser wurden die Farben der Seele. Die Realitäten der äußeren Welt traten in den Vordergrund, eine Wolke erhob sich, die unsere inneren Erlebnisse verhüllte. Unsere Phantasie wurde schwächer, unsere Gefühle traten weniger deutlich hervor. So wie das steigende Licht der Sonne im Morgendämmern den Sternenhimmel verblassen läßt, so bringt unser Verstand mit reifenden Jahren das farbige Leben der Seele zum Erlöschen. Aber die Sterne, auch wenn sie im Licht des Tages verschwinden, ziehen doch ihre Bahnen. In ähnlicher Art leben die Fähigkeiten unserer Seele weiter und arbeiten hinter der Sonne unseres tagwachen Verstandes. Sich selbst erkennen heißt, aufs neue die Sternenwelt unserer Seele entdecken.

«Mind», Seele und das Unbewußte

Der Unterschied zwischen «mind» und Seele ist ein erster Schritt zum Verständnis des Menschenwesens. Interessant ist, daß es im Deutschen und Skandinavischen kein Wort gibt, das die Bedeutung des englischen «mind» exakt wiedergibt. Die richtige Übersetzung dafür zu finden, ist schwierig, in jedem Einzelfall muß es durch einen anderen Ausdruck wiedergegeben werden.

«Mind» kommt vom lateinischen «mens». Es war in Rom und später in den romanischen Ländern, wo sich das Verstandeslicht im Geschichtsverlauf der letzten drei Jahrtausende entfaltete. Von Gallien und Rom aus verbreitete sich das wachsende Verstandesdenken in die angelsächsische Welt und verwandelte ihren ethnographischen Hintergrund. In den teutonischen Ländern ging «mind» nicht so hell auf wie in den romanischen, dafür war in diesen die nächtliche Seite der Seele immer noch vorherrschend; die Sonne des Tagesbewußtseins brach erst durch die Dämmerung. Heute ist es anders geworden, aber immer noch ist es unmöglich, einen adäquaten Namen im Deutschen für «mind» zu finden. Im nördlichen Europa ist der Verstand nicht so stark abgetrennt von der Seele wie in England und hat daher keinen speziellen Namen erhalten. Gleichwie «mind» sich in Kindheits- und Jugendtagen aus der Seele heraus entwickelt, so zieht sich ein anderer Teil unseres Wesens in das Reich des Unbewußten zurück. So wie der Vollmond am westlichen Himmel untergeht, wenn der Morgen naht, so ziehen sich unsere Motive und Absichten in die Nacht des Unbewußten zurück in dem Maße, als sich «mind» herausbildet. Was in der Kindheit offen zutage liegt, verschwindet in der Zeit vor und während der Pubertät hinter den bergenden Falten der Seelennacht. Die Sonne des Verstandes steigt, und der Mond unseres Wollens geht unter. Unsere Triebe, Instinkte und Motive ziehen sich in die unbekannten Bereiche des Unterbewußten zurück. Psychoanalytiker versuchen, in dies verborgene Land einzubrechen und schädigen damit Millionen von Menschen. Was heute psychoanalytische Behandlung genannt wird, ist gewöhnlich eine Form leichter Entpersönlichung des Patienten, von der er sich in vielen Fällen nur schwer erholt. Der *Nacht*bereich kann nicht mit den elektrischen Birnen des modernen Intellekts betreten werden. Es bedarf ganz anderer Eigenschaften, sich ihm zu nähern.

Wir erkennen jetzt, daß es in uns selbst zwei Sphären gibt, den Verstand und das Unbewußte. Beide stehen sich gegenüber wie unser Tag- und Nachterlebnis, nur mit dem fundamentalen Unterschied, daß in uns selbst Tag und Nacht sich nicht ablösen, sondern beide Zustände dauernd vorhanden sind, auch wenn in unserem Wachzustand der Verstand leuchtet und das Unbewußte heruntergedunkelt ist. (Der Schlafzustand soll in einem späteren Aufsatz behandelt werden.)

Das Attribut des Verstandes ist die Würde; die Anmut gehört dem Reich des Unbewußten an. Würde ist der höchste Ausdruck von «mind». In der Würde konzentrieren sich die Strahlen des Verstandes um eine selbstbewußte Persönlichkeit, die fähig ist, die Antriebe ihres Handelns zu überwachen. Der Verstand hat die Fähigkeit errungen, über seine Triebe zu herrschen und die Motive seines Handelns zu erkennen. Eine Art Bewußtseins-Krone überhöht würdig «mind».

Auf der anderen Seite ist die Anmut die Erfüllung aller unserer Motive, die im Unbewußten leben. Anmut dient nicht mehr einer Absicht und versucht nicht, diese auf bestmögliche Art zu verwirklichen. Die Antriebe unterwerfen sich freiwillig einer höheren Ordnung und werden selbstlos. Sie nehmen den Charakter der Selbst-Unterwerfung an und enthüllen nicht ihr eigenes, sondern ein göttliches Gesetz. Ein indischer Tempeltanz oder eine vollkommene Eurythmie-Aufführung enthüllen das Geheimnis der Anmut.

Doch Würde wie Anmut leben nicht in «splendid isolation» für sich, sondern gehören zur menschlichen Seele. Sie sind ein *Teil* von ihr, und die Seele versieht sie mit bestimmten Eigenschaften. Das Gewand der Anmut ist eine heitere und glückliche Disposition, das der Würde eine getragene und ernste. Durch diese Gefühlsnuancen werden die zwei Würdenträger der Seele mit Farbe und Substanz erfüllt. Die Anmut wird immer von Leichtigkeit und Fröhlichkeit umhüllt sein, Würde dagegen hat einen gewissen strengen Ernst. Für die Anmut würde solcher Ernst so unnatürlich sein wie die Fröhlichkeit für die Würde. Wenn sie in dieser Art auftreten, haben sie immer einen maskenhaften künstlichen Anstrich.

Die menschliche Seele beschenkt Anmut und Würde mit diesen Gewändern und macht sie dadurch menschlich und annehmbar. Die Seele umgibt die Sphäre des Unbewußten mit einem Mantel von Freude und Heiterkeit und umgibt «mind» mit einem gewissen Maß von Ernst und Schwere.

Die Empfindungen der menschlichen Seele sind den Farben ähnlich, denen wir in der Natur begegnen. Die frischen und lieblichen Farben der Freude umhüllen die Nachtexistenz des Unbewußten; die strengen und dunkleren Farben unserer ernsten Haltung trüben das Licht unseres Tagesbewußtseins.

Bei Kindern können wir oft beobachten, daß am Morgen, wenn die Sonne des Bewußtseins durch die Wolken der Träume bricht, ihre Stimmung ernst und zurückhaltend ist. Am Abend dagegen, wenn die Schlafenszeit naht, springt die Stimmung plötzlich in grenzenlose Fröhlichkeit um, alles wird Spaß und Gelächter. Am Abend nahen sich Friede und Glück des Unbewußten[3].

Daher ist es nicht verwunderlich, daß Männer wie *Freud* und *Bergson*, die als Psychologen das Reich des Unbewußten erforschten, an den Grenzen ihres Forschungsfeldes dem Problem des Lachens begegneten, der Frage von Witz und Humor.

Im Wahrnehmen all dieser Phänomene befinden wir uns bereits in den Bezirken der menschlichen Seele. Die Gefühle sind wie Farben und offenbaren eine zweifache Natur in ihrem Pendelschlag zwischen Freude und Schmerz. Die hellrot gefärbte Freude geht durch viele Abstufungen ins Dunkelblau des tiefen Schmerzes. Wenn entweder die hellen oder die dunklen Farben in unserer Seele einen solchen Grad der Intensität erreichen, daß es uns zuviel wird, brechen wir in Tränen oder Gelächter aus. Es gibt kein besseres Wort als «ausbrechen», um diesen Prozeß zu bezeichnen; es ist ein Überquellen von Freude oder Schmerz.

Lachen und Weinen

Die Gefühlsausbrüche von Weinen und Lachen zählen zu den erstaunlichsten Eigenschaften des Menschen. Sie sind in beinahe jedem Menschenwesen von

[3] H. Plessner: «Lachen und Weinen», S. 29, Bern 1950.

gleicher Art; sie sind bei allen Rassen zu finden und bleiben die immerwährenden Begleiter der Menschheit.

Vieles ist über das Lachen geschrieben worden, viel weniger über das Weinen, und nur ein ganz geringer Grad von Wissen und Verstehen ist vorhanden in bezug auf diese alltäglichen Erscheinungen der Menschennatur. Hellmuth Plessner schreibt in einem der besten Bücher, die sich mit diesen zwei Erscheinungen befassen: «Lachen und Weinen sind zwei Äußerungsformen, über die im Vollsinn der Worte nur der Mensch verfügt[3].» Das ist eine fundamentale Tatsache; kein Tier kann weinen und lachen. Es kann Tränen vergießen, schreien, heulen, grinsen, zuweilen auch ein schwaches Lächeln in den Augen haben – aber herzlich lachen oder bitterlich weinen kann nur der Mensch.

Aber indem Plessner diese Feststellung macht, muß er gleich hinzufügen, daß diese zwei Ausdrucksformen, obwohl dem Menschen allein zukommend, ihn eher in einer nicht-menschlichen Haltung zeigen. «Wer lacht oder weint, verliert in gewissem Sinn die Kontrolle über sich selbst und dadurch die Möglichkeit, ein objektives Urteil über die gegebene Situation zu fällen.» Auch dies ist eine grundlegende Feststellung. Der Mensch wird sowohl vom Lachen wie vom Weinen *überfallen*. Für gewöhnlich ist er ganz unfähig, diese zwei Gefühlsausdrücke zurückzuhalten; er kann sie hinter einem Lächeln, einem ernsten Blick oder hinter einem Taschentuch verstecken. Aber die Erregung nimmt ihren Lauf.

Lachen und Weinen sind bei weitem überwältigender als andere menschliche Ausdrucksformen. Wir können uns viel leichter des Sprechens enthalten; wir können auch unsere Gesten unterdrücken, wenn wir keinen Gebrauch von ihnen machen wollen, aber dem Ausbruch eines Gelächters zu entgehen ist so schwer wie ein anhebendes Schluchzen zu überwinden. Es ist, als ob eine unbekannte Macht sich über uns legte und in ihrem Griff hielte. Wer von uns hat nicht erlebt, mit welcher Gewalt ein Lachen uns überkommen kann in Augenblicken, wo wir besonders ernst sein möchten? Ein Gedanke, eine Erinnerung oder vielleicht eine spaßhafte Situation, die nur wir gewahren, erzwingt den plötzlichen Ausbruch anhaltenden Gelächters.

Erstaunlicherweise haben sich die meisten Autoren, die über das Lachen schreiben, viel mehr mit dem Beweggrund beschäftigt als mit dem Lachen selbst. Sie erforschen die Natur des Lächerlichen, des Witzes, Spaßes, der Komödie. Die Erscheinung selbst, die Art, wie das Lachen auftritt, wird gewöhnlich übersehen. Aus diesem Grund haben verschiedene einschlägige Autoren die Frage aufgeworfen, ob Lachen und Weinen überhaupt miteinander verknüpft seien. Einige glauben, daß die zwei in Wirklichkeit nichts miteinander zu tun haben und verschiedenen Ursprungs sind[4].

Rudolf Steiner hielt mehrere Vorträge über Lachen und Weinen und zeigt die

[3] Plessner a. a. O.

[4] Hier ist nicht der Ort, alle Ideen und Erklärungen, welche sich mit der Natur von Lachen und Weinen beschäftigen, zu wiederholen und auf sie einzugehen.

innige Verbindung auf, die beide Ausdrucksformen zum Atemprozeß haben. Er weist darauf hin, daß im Weinen wie im Lachen der Rhythmus des Ein- und Ausatmens *verändert* wird. An Stelle des regelmäßigen Einatmens und Ausstoßens der Luft werden im Weinen mehrere kurze Einatmungen von langen und tiefen Ausatmungen gefolgt. Das Gegenteil geschieht beim Lachen: einem kurzen Ausatmen folgt ein langgedehntes und tiefes Einatmen. Die so gearteten Atemrhythmen wiederholen sich und bedeuten die physische Grundlage von Lachen und Weinen.

Sie sind das genaue Gegenstück zueinander, und häufig kommt es vor, daß Lachen in Weinen umschlägt und Weinen in Lachen, welches Phänomen die tiefe Verwandtschaft beider aufzeigt. Lachen und Weinen sind zweieiige Zwillinge im Leben der Seele.

Können wir die Erscheinung der veränderten Atmung erklären? Was bedeutet es, daß gerade im Weinen der Einatmungsstrom in mehrere kleine Stöße zerstückelt und darauf von einem tiefen Seufzer der Erleichterung gefolgt wird? Wir unterliegen dem Weinen, wenn etwas in unserer Umgebung so *übermächtig* hereinbricht, daß wir es nicht ertragen können; wenn ein geliebter Mensch uns genommen wird; wenn ein Freund oder Verwandter, den wir durch Jahre nicht gesehen haben, plötzlich vor uns steht, können wir in Tränen ausbrechen. Es ist die neue Situation, die sich uns aufdrängt und so überwältigend wird, daß wir sie sozusagen nur in kleinen Stücken ertragen können. Daher atmen wir die umgebende Luft in Stakkato-Stößen ein, und wenn dies geschehen ist, sind wir erleichtert und befreien uns mit einem tiefen Seufzer der Befriedigung in einem langgedehnten Ausatmungsstrom.

Auf ähnliche Art kommt das Lachen zustande, wenn etwas Belustigendes vorfällt. Aber was ist oder erscheint uns belustigend? Wir sehen uns gern eine Komödie an, weil sie uns die Befriedigung gibt, daß wir vernünftiger und gescheiter sind als die Personen auf der Bühne. Wie dumm, wie lächerlich diese Leute sind, diese Clowns des Lebens, diese Trunkenbolde und Spaßmacher! Das ist unsere Reaktion, und dabei fühlen wir uns stärker und ihnen überlegen. Wenn wir Karikaturen ansehen, stellen wir fest, daß dominierende Persönlichkeiten – etwa des politischen Lebens – plötzlich zu komischen Figuren werden. Ihre Stärke ist für den Augenblick dahin, wir sind erleichtert und beginnen zu lachen. Da wir uns stärker fühlen als unsere Umgebung, brechen wir in wiederholte kleine Ausatmungsstöße aus und entlassen unsere Kraft in die Welt, worauf wir, leicht erschöpft, tief einatmen, um unseren Verlust wieder auszugleichen.

Eine *Störung* in unserer *Beziehung zur Welt* ist die Ursache von Weinen und Lachen. Wenn die Welt zu stark wird und uns zu überwältigen droht, setzt das Weinen ein. Wenn umgekehrt die Welt schwach, klein und zerbrechlich scheint, ist ein Lachen die Folge. Beide, Weinen und Lachen, wurden uns gegeben, damit wir das verlorene Gleichgewicht in unserer Kontakt-Situation wiederherstellen. Sie sind wie Heilmittel für unsere Balance.

Es ist verkehrt zu glauben, daß Lachen ein Ausdruck der Freude und Weinen ein Ausdruck des Schmerzes sei. Beide drücken keine Emotion aus, sind jedoch ein Gefühlsakt, der abwechselnd eine Gefühlskrankheit heilt. Das Grundprinzip der Homöopathie «similia similibus curantur» (*eine* Substanz kann eine Krankheit hervorrufen wie auch sie heilen) trifft auch für Lachen und Weinen zu.

Noch etwas anderes muß verstanden werden. Schon Plato[5] hat, als er über die Natur des Lachens sprach, aufgezeigt, daß sowohl Lust wie Schmerz darin enthalten ist. Und wir können hinzufügen, daß sich in den Stakkatos der Ausatmung Vergnügen birgt; das tiefe Einatmen jedoch, das wie eine Antwort auf die Frage folgt, enthält ein gewisses Maß von Scham und Schmerz. Ein Gefühl der Schuld lebt in uns auf nach einem Lachausbruch, und hierin liegt die Wurzel für die Doppelnatur jedes Komödianten: nach außen macht er Spaß, innerlich ist er von Melancholie erfüllt.

Weinen ist in entsprechender Weise nicht bloß Schmerz und Kummer. Nur die kurzen, wiederholten Einatmungsstöße bedeuten die traurige Seite der Erscheinung; das tiefe Ausatmen bringt danach Erleichterung und Vergnügen und stellt die verlorene Seelenruhe wieder her. Es beantwortet die Frage des Schmerzes.

Plessner hat ganz recht, wenn er Weinen und Lachen Grenz-Reaktionen nennt. «Wir weinen und lachen», sagt er, «in Situationen, für die wir keine andere Antwort finden.» An Stelle einer verstandesmäßigen Antwort treten die Reaktionen von Weinen und Lachen ein. Doch ist es keine körperliche, sondern eine gefühlsmäßige Antwort. Wir werden durchschüttelt, und es gibt kein Halten, bevor der Zustand nicht ausbalanciert ist.

Weinen und Lachen im höchsten Sinn sind nichts Geringeres als eine Katharsis, die wir durchmachen. Es ist dieselbe Katharsis, von der Aristoteles spricht, wenn er den Einfluß des Dramas auf die menschliche Seele beschreibt.

Weinen und Lachen sind Wächter, die an zwei verschiedenen Toren stehen; das Lachen bewacht das Tor des Unbewußten, das Weinen die Tür unseres Tagesbewußtseins. Wenn unser Unbewußtes plötzlich sein Tor durchbricht, weil wir durch das Lächerliche angereizt werden, uns zu weit in die Welt hineinzuwerfen, erscheint der Wächter des Lachens und stellt das Gleichgewicht wieder her. Umgekehrt, wenn unser bewußtes Leben von Furcht und Unausgeglichenheit überwältigt wird, erscheint das Weinen und bietet seinen Trost an.

Es ist die Seele, welche durch die Kräfte von Lachen und Weinen den Verstand sowohl wie das Unbewußte in die ihnen eigenen Reiche und Rechte wieder einführt. Der Seele Lachen schickt unseren Größenwahn zurück in das Gebiet des Unbewußten; der Seele Weinen heilt die Minderwertigkeitsgefühle unseres Verstandes und führt ihn zurück in sein eigenes Gebiet.

[5] In dem Dialog Philebos.

Manch ein Märchen spricht von Riesen und Zwergen. Und viele Menschen sind überzeugt, daß es solche Wesen niemals gegeben hat. Aber sie gehören nicht zu dem «Es war einmal», sondern sie sind noch immer mit uns. Sie leben in uns, eingefangen in unser eigenes Wesen, dienend, helfend, oft auch überwältigend und uns beherrschend.

Unser Unbewußtes ist der Riese in uns. Er ist gefangen wie das Geistchen in der Flasche, das immer zu entfliehen versucht. Das Lachen ist als sein Wächter eingesetzt und hilft, ihn im Zaum zu halten.

Unser Verstand ist der Zwerg in uns; klein und witzig, klug und grausam – so wie er im Märchen erscheint. Der Däumling ist der Verstand, und wenn er seinen Weg verliert im Dickicht der Welt, erscheint die trauernde Jungfrau und zeigt ihm den Weg in sein Heim.

Wenn der Riese unseres Unbewußten nicht nur gezähmt ist, sondern auch verwandelt und geformt, dann beginnt die Anmut sich zu zeigen. Wenn der Zwerg des Verstandes heranwächst, reift und menschlich wird, entfaltet sich die Würde.

Bilder kommen nun zum Vorschein; die Seele beginnt, von sich selbst zu sprechen, ihren Namen zu nennen und ihr Wesen zu beschreiben.

II. Die drei Regionen der Seele

Heraklit, der griechische Philosoph und Lehrer am Tempel zu Ephesos, sagt von der menschlichen Seele: «Du wirst nie ihre Grenzen ergründen können, und wenn du alle Straßen abläufst; so umfassend ist ihr Wesen.» Und Dr. F. W. Zeylmans schreibt im ersten Kapitel seines Buches über die menschliche Seele: «Das geheimnisvolle Wesen, das wir ‹Seele› nennen, hat die verschiedenartigsten und entgegengesetztesten Eigenschaften. Es ist gleich allgegenwärtig wie kaum findbar, ebenso weit geöffnet wie eng abgeschlossen, ebenso mächtig wie zart. Ewigkeitsgedanken können darin neben sehr vergänglichen Begierden wohnen. Wollen wir wirklich die Seele kennenlernen, dann werden wir nicht davor zurückschrecken dürfen, dieses paradoxe Wesen voller Widersprüche so hinzunehmen, wie es ist. Ja, vielleicht werden wir dann sogar entdecken, daß gerade darin eines der wesentlichsten Merkmale der Seele liegt, daß es diese paradoxen Eigenschaften gibt[6].»

Diese Aussprüche zweier Philosophen von Rang, eines klassischen und eines modernen, beweisen mit voller Deutlichkeit, wie kompliziert und weitreichend unser Thema ist. Es wird uns in sämtliche Gefilde der Menschennatur führen,

[6] Dr. F. W. Zeylmans van Emmichoven: «Die menschliche Seele», Basel 1953.

und niemals werden wir von den Resultaten voll befriedigt sein, sosehr wir auch versuchen, die menschliche Seele zu verstehen. Wir werden immer wieder von vorn anfangen, andere Ausgangspunkte und neue Wege finden müssen.

Im ersten Kapitel haben wir verschiedene Gebiete der Seele dargelegt. Wir unterschieden eine obere Region, in der «mind» konzentriert ist, und eine gegenüberliegende, die das Unbewußte beherbergt. Das Gebiet, das dazwischen liegt, ist ein Verbindungsglied, wo Weinen und Lachen urständen.

Damit wurde eine Seelen-Geographie skizziert, um uns eine erste Orientierung zu ermöglichen. Im oberen Pol, wo «mind» wirkt, ist unsere *Gedankensphäre*. Hier sind wir uns auch dessen bewußt, was wir im Alltag vollbringen.

Wir geben unseren Handlungen Sinn und Vernunft; wir machen uns Begriffe über unsere Umwelt. Dies ist die Region des beobachtenden Zwerges.

Im unteren Pol, wo unser Unbewußtes herrscht, lebt unser *Wille.* Von hier aus nehmen wir unsere Absichten, unser Begehren, unsere Sehnsüchte und Wünsche wahr. Es ist die Region, in der unsere Antriebe und Motive sich entfalten. Unser Zorn, unsere Herrschsucht steigen aus diesem Bereich auf. Es ist die Sphäre des schlafenden Riesen, der von Zeit zu Zeit aufwacht und unser bewußtes Wesen überwältigt.

Zwischen diesen beiden Polen liegt das dritte Reich, in dem unser *Fühlen* seinen Ursprung hat. Hier offenbart sich die Seele in ihrem *eigentlichen* Wesen. Alle unsere Erlebnisse, unsere Taten und Gedanken sind von Gefühlen begleitet. Es gibt keine einzige Beobachtung und nicht die kleinste Absicht ohne einen Anhauch von Gefühl. Die Gegenstände, die wir sehen, die Töne, die wir hören, die Arbeit, die wir tun: alles ist von Gefühlen gefärbt. Die eigentliche Natur unserer Gefühle ist es, die zu allen unseren Erlebnissen den Unterton, die Unterströmung bildet. Unser tägliches Leben ist nicht nur von Empfindungen erfüllt, sondern vollzieht sich in steter Begleitung von Gefühlen und Stimmungen. Diese tragen unser Verstandesleben, wie ein Strom die Schiffe trägt. Wir können sogar sagen, daß die eigentliche Substanz der Seele sich in unserem Gefühlsleben offenbart.

Eine intime Selbstbeobachtung entdeckt verschiedene Eigenschaften der Gefühle. Wir können erleben, daß sie von erstaunlich flüchtiger Art sind. Sobald wir sie zu greifen versuchen, sind sie vergangen. Ich kann meine Freude verjagen, wenn ich sie mir zu sehr bewußt mache; und meine Sorge verschwindet, wenn ich versuche, ihr ins Gesicht zu sehen. Das Licht des Bewußtseins kann die sanften Wogen unseres Gefühlslebens glätten.

Dieser Gefühls-Unterstrom ist wirklich wie ein Fluß; seine Wogen fließen unentwegt, stehen nie still, ein nie endender Antrieb führt sie fort. Diese Strömung erleben wir als unser Fühlen; unsere unterbewußte Wahrnehmung des Zeitenstroms hängt letztlich mit diesem Gefühlsstrom zusammen.

Der Charakter unserer Gefühle ist zweifacher Art: der der Zuneigung oder Abneigung. Sie können sympathisch oder antipathisch eingestellt sein. Was immer wir begegnen, tun oder erfahren, gerät unter diesen Einfluß. Ein Mensch, den wir treffen, eine Arbeit, die wir ausführen, ein Gegenstand, der auftaucht: wir mögen ihn oder wir mögen ihn nicht. Diese zweifache Möglichkeit braucht nicht sehr ausgesprochen oder sichtbar zu werden, aber in gewisser Weise ist sie immer vorhanden. Steigert sie sich, wird sie zu Liebe oder Haß. Diese beiden Empfindungen sind die stärksten Exponenten unseres Gefühlslebens.

Wenn wir sympathisieren und lieben, dehnen wir unser Seelenwesen aus und versuchen, seine Substanz unseren Erlebnissen einzuverleiben. Das Gegenteil geschieht, wenn wir hassen oder ihnen antipathisch gegenüberstehen. Die Seele unterliegt einem Prozeß des Zusammenziehens und zieht sich zurück von der

Welt. Unser Gefühlsleben ist wie das Schlagen unserer Herzen, es dehnt sich aus und zieht sich zusammen wie die Systole und Diastole der Herztätigkeit. Doch ist es arhythmisch, meist selbstisch, mit sich selbst beschäftigt und persönlich. Es trägt unsere täglichen Erlebnisse und zieht sich ganz deutlich durch unsere Träume.

Die intentionalen Fähigkeiten der Seele

Einer der größten Weisen unserer Zeit, Edouard Schuré, nennt die Menschenseele «la clef de l'univers» – den Schlüssel zum Universum. Es ist nicht schwer, diesen Satz zu verstehen, wenn wir versuchen, das wahre Wesen der Seele im besonderen zu beobachten. Eines der wichtigsten Merkmale unserer geistig-seelischen Erfahrungen ist ihre intentionale Eigenschaft. Was bedeutet das? Der erste moderne Philosoph und Psychologe, der diese Eigenschaft beschrieb, ist Franz Brentano[7]. In mehreren seiner Bücher versucht er, ein gründlicheres Verständnis über die intentionale Tätigkeit der Seele herauszuarbeiten. Andere Philosophen wie Husserl und Scheler haben weiter geforscht. Rudolf Steiner hat eingehend auf sie hingewiesen[8].

Brentano schreibt darüber: «Der gemeinsame Charakterzug alles Psychischen besteht in dem, was man häufig mit einem leider sehr mißverständlichen Ausdruck Bewußtsein genannt hat, d. h. in einem subjektiven Verhalten, in einer, wie man sie bezeichnete, intentionalen Beziehung zu etwas, was vielleicht nicht wirklich, aber doch innerlich gegenständlich gegeben ist. Kein Hören ohne Gehörtes, kein Glauben ohne Geglaubtes, kein Hoffen ohne Gehofftes, kein Streben ohne Erstrebtes, keine Freude ohne etwas, worüber man sich freut, und so im übrigen[9].»

Unser gesamtes Seelenleben hat den Charakter der Zielrichtung. Unsere Emotionen, unsere Gedanken, unsere Willensimpulse sind kaum jemals ohne Objekt. Wir denken und fühlen und wollen Dinge, Wesen, Taten, Erfahrungen – irgend etwas außer uns selbst. Das ist eine einfache, aber wichtige Erkenntnis. Unsere Seele ist dauernd mit ihrer Umgebung beschäftigt und wird durch den Wechsel der gemachten Erfahrungen wachgehalten.

Unsere Sinneswahrnehmungen so gut wie die intimeren Einflüsse unserer Umgebung, also etwa Wetter, Temperatur, Verfassung unserer leiblichen Organe und Gewebe – alles versieht die Seele mit Erfahrungen und Tatsachen, zu denen planvolle Verbindung hergestellt wird. Unser Denken braucht einen Inhalt, um tätig zu sein. Unsere Gefühle haben ein Objekt, das sie beschäftigt. Unser Wille führt eine Absicht aus, um ein Ziel zu erreichen.

[7] Schon Plato und Aristoteles erwähnen das intentionale Tun als eine wesentliche Charakteristik geistiger Prozesse.

[8] Besonders in seinem Buch «Von Seelenrätseln», (1917), GA Bibl. Nr. 21.

[9] Franz Brentano: «Vom Ursprung sittlicher Erkenntnis», S. 14, Leipzig 1889.

Alle drei – Denken, Fühlen und Wollen – haben intentionalen Charakter. Jedoch ist die Beziehung zu den Objekten in jedem der drei Gebiete geistig-seelischen Lebens verschieden. Im Bereich des *Denkens* lassen wir das Objekt, wie es ist, haben nur den Drang, es zu verstehen und zu beschreiben. Im Bereich des *Fühlens* verlangen wir nach dem Objekt oder suchen es zu meiden. Im *Willens*gebiet möchten wir den Gegenstand besitzen und, nachdem wir ihn erlangt haben, ihn weggeben.

Die grundlegende Eigenschaft der Intentionalität ist in allen drei Sphären vorhanden, nur dreifach verschieden. Unsere Gedanken haben kein Verlangen, etwas zu besitzen; sie halten Distanz zum Objekt, und zurückbleibt eine Art Bild, ein reines Abbild. Rudolf Steiner beschrieb diesen Akt mit den Worten: «Es gibt eine Menschenseele, aber die Natur kann an diese Menschenseele nur heran, indem sie zum Scheingebilde wird[10].» Im Bereich des Fühlens hat die Seele eine nahe Beziehung zum Objekt. Sie begehrt es oder weicht ihm aus, und wir empfinden diese Haltung als Neigung oder Abneigung, nennen es Sympathie und Antipathie. Die Bilder-Wand, die im Bereich unserer Gedanken besteht, fällt weg, und es kommt zur ersten Begegnung mit der Realität. Die Objekte gehören auf irgendeine Art zu uns.

Im Bereich des Wollens machen wir die engstmögliche Bekanntschaft mit der Realität. Unsere Hände greifen sie, machen von ihr Gebrauch oder treiben Mißbrauch. Jeder schöpferische Prozeß, einerlei in welchem Bereich, ist ein Akt des Besitzergreifens im Bereich des Willens. Ob ich schreibe oder male, pflüge oder baue, spreche oder modelliere: es ist ein Akt, in dem das Objekt meinem Willen unterworfen wird. Das Endresultat ist gewöhnlich ein deutliches Gefühl der Demütigung, das in der Seele zurückbleibt. Die erfüllte Tat hinterläßt in der Seele ein Gefühl von Müdigkeit und Scham. Rudolf Steiner spricht davon mit den Worten: «Es gibt eine Natur, aber der Mensch kann an diese Natur nur heran, indem er sich von ihr vernichten läßt.» Die vollständige Vereinigung zwischen der Seele und dem Objekt, das sich unterworfen hat, erzeugt eine zeitweise Auslöschung des menschlichen Wesens im Willensbereich, das im Gefühl der Demütigung zum Ausdruck kommt. Der Sieger wird zum Besiegten.

Es ist nunmehr gerechtfertigt, von drei verschiedenen Formen intentionaler Handlungen zu sprechen; der ersten im Bereich von «mind», der nächsten im Bereich des Gefühlslebens und der dritten in der Region des Unbewußten. Bildlich gesprochen können wir die Seele mit dem Wasser eines Flusses vergleichen. Auf der Oberfläche spiegelt es die Farben des Himmels wider und der Gegenstände am Ufer. Seine Wellen treiben ein intimes Spiel von Geben und Nehmen mit Luft und Licht der Umgebung. Im Wasser selbst geht das wimmelnde Leben von Fischen und anderen großen und kleinen Tieren vor sich. Das ist sozusagen die intentionale Aufmachung eines Stromes. Und damit können wir verstehen,

[10] Rudolf Steiner: «Anthroposophie», 9 Vorträge, 1924, GA Bibl. Nr. 234.

daß Goethe beim Anblick des majestätischen Wasserfalles bei Schaffhausen jenes Gedicht schrieb, dessen Anfangsverse lauten:

Des Menschen Seele
Gleicht dem Wasser:
Vom Himmel kommt es,
Zum Himmel steigt es,
Und wieder nieder
Zur Erde muß es,
Ewig wechselnd.

Aus diesen Sätzen ergibt sich ein erstes Verständnis für das oben zitierte Wort von Schuré: «L'âme est la clef de l'univers.»

Die transzendente Natur der Seele

Abgesehen von der intentionalen Eigenschaft, hat die Seele ein anderes grundlegendes Charakteristikum, das gewöhnlich als ihre transzendente Natur beschrieben wird. Es ist die Fähigkeit, «der Welt innezuwerden und damit dem Seienden zu begegnen . . . das nicht seinem Sein angehört, sondern ein schlechthin anderes darstellt»[11].

Man muß eine deutliche Unterscheidung machen zwischen den intentionalen und den transzendenten Eigenschaften der Seele. Die ersteren umfassen die Fähigkeiten der Seele, *mit der umgebenden Welt in Verbindung* zu treten; die zweiten, sich dieses Kontaktes *bewußt* zu werden. Die letztere Eigenschaft ist innerlicher als die erste und ist von besonderer Bedeutung für ein weiteres Verständnis der Seelennatur.

Eine unbefangene Selbstbeobachtung, die versucht, das Vorüberziehen seelischer Erfahrungen zu beobachten, sieht sich sehr bald vor folgendes Problem gestellt: Wie kommt es, daß ich nicht nur die Fähigkeit habe, Geschehnisse außerhalb meiner selbst wahrzunehmen, sondern auch, sie in Form von Ideen und Bildern zu reproduzieren? Wie ist es möglich, daß eine Blume, die ich gerade gesehen habe, eine Melodie, die ich vorhin hörte, ein Ereignis, das ich erlebte, nicht nur dieses äußere Geschehnis bleibt, sondern ein Teil von mir selbst wird?

Zu sagen, daß dies durch meine Gedächtniskraft bewirkt wird, heißt lediglich, das Problem auf eine andere Ebene verlagern, nicht aber es lösen. Abgesehen von der Tatsache, daß die Erinnerung überhaupt eine andere Fähigkeit ist, die in Ablauf kommt, wenn Vorstellungen schon gefaßt sind, müssen wir fragen,

[11] Vytantas J. Bielianskas: Der Seelenbegriff in der Psychologie der Gegenwart. In «Festschrift zum 60. Geburtstag von Philipp Lersch ‹Seelenleben und Menschenbild›», München 1958.

was es *bedeutet*, daß wir Tatsachen und Gegenstände der Umgebung reproduzieren können. Die Erinnerung ist die Kraft, solche Reproduktionen eine längere oder kürzere Zeit festhalten zu können. Daß unser geistiges Leben diese Fähigkeit besitzt, kann nicht bezweifelt werden.

Es ist lächerlich, daß die modernen Psychologen dieses Grundproblem übersehen und durch das unsinnige Postulat ersetzen, daß unsere Sinnesorgane der Schauplatz sind, an dem diese Reproduktionen erzeugt werden. Wenn das so wäre, wie könnten wir überhaupt alles dessen gewahr werden, was wir sehen und hören und tasten und schmecken? Die physischen Organe sind notwendig für den Akt der Wahrnehmung. Doch spielen sie die Rolle der Vermittler zwischen der Seele und der Welt, während die Seele selbst die Eigenschaft hat, ein *Bild* der äußeren Geschehnisse zu schaffen und dieses Bild zu *bewahren*, ja es sogar nach Willen und Neigung *neu zu erschaffen*.

Wenn wir diese Feststellung ernsthaft in Betracht ziehen – sie beruht auf einfachster täglicher Erfahrung –, müssen wir nach dem Sitz oder Schauplatz dieser reproduzierenden Fähigkeit forschen. Wo erleben wir die Blume, die wir gerade gesehen haben, wenn wir unsere Augen schließen und versuchen, sie uns wieder vorzustellen? Wo hören wir die Melodie, die eben erklungen ist, wenn wir sie jetzt reproduzieren? Gibt es einen Raum, wo diese Ideen oder Vorstellungen leben? Oder entstehen sie ganz einfach «innerhalb von uns selbst»?

Es wäre gleicherweise unrichtig zu behaupten, daß unsere Gedanken in unserem Kopfe leben. Sie sind sicherlich mit unserem Kopfe verbunden, aber sind nicht innerhalb unseres Kopfes. Dasselbe gilt für unsere Gefühle und Empfindungen. Wenn wir ein Kind fragen, wo es lieb hat oder zornig ist, wird es auf sein Herz zeigen. Unsere Empfindungen sind mit dem Herzen verknüpft, aber sie sind so wenig innerhalb des Herzens wie unsere Gedanken innerhalb des Gehirns.

Durch solche Betrachtungen wird uns zum erstenmal klar, wie kompliziert das Problem ist, mit dem wir es zu tun haben. Wir lernen nun auch die Tatsache verstehen, daß die Seele in Wirklichkeit außerhalb unserer unmittelbaren Greifweite liegt. Philosophen, die über die transzendente Eigenschaft der Seele sprechen, beschreiben einfach die Tatsache, daß diese Seele fähig ist, Dinge außerhalb ihrer selbst zu erfassen, und, indem sie ihre Erscheinungen reproduziert, sie behält. (Unter «Erscheinungen» verstehe ich nicht nur Form und Farbe, sondern auch den eventuellen Geruch, Ton, Geschmack, Beweglichkeit usw.) Ist es eine photographische Wiedergabe, die sich hier vollzieht? Kaum, denn diese inneren Reproduktionen sind beträchtlich verschieden von den äußeren Dingen, die sie wiedergeben. Wir können diese Eigenschaft nur als eine *schöpferische* bezeichnen. Ununterbrochen erschafft die Seele aufs neue die äußere Welt in Bildern, und unsere Sinnesorgane versehen sie mit der Substanz, durch welche diese Bilder produziert werden. Somit sind die geschaffenen Begriffe und Ideen von vorübergehender Art; sobald sie erscheinen, lösen sie sich wieder auf, und es braucht eine gewisse Anstrengung, sie auch nur für eine kurze Weile zu behalten.

Hier begegnen wir aufs neue der unaufhörlich strömenden Natur der Seele. Sie ist nie in Ruhe, nie vollendet, nie fixiert. Die Flut kommt heran, und sobald sie erkannt ist, verschwindet sie wieder. Werden und Vergehen sind die dem Seelenleben innewohnenden Fähigkeiten, und unser Wesen wird durch sie bestimmt. Geburt und Tod sind nur zwei vergrößerte Begebenheiten unter den vielen anderen, die sich dauernd im Bereich der Seele abspielen.

Das Wesen unseres geistig-seelischen Seins ist transzendent. Dieses transzendente Wesen hat die Fähigkeit, seine Umgebung zu erfassen und zu gleicher Zeit sie neu zu schaffen und sich beider Vorgänge bewußt zu werden: der umgebenden Welt und der reproduzierten Erinnerungsbilder. Diese transzendenten Akte hängen von unseren physischen Sinneswerkzeugen ab, sind aber nicht durch diese hervorgerufen. Die Sinne dienen lediglich als *Instrumente* und erbringen das Material für die transzendente Tätigkeit der Seele, so wie Farben, Pinsel und Leinwand nötig sind, damit der Künstler seine Bilder zur Erscheinung bringen kann.

Diese transzendente Fähigkeit kann nicht in dem engeren Bereich unseres Körpers gefunden werden; sie urständet außerhalb desselben. Nichtsdestoweniger ist sie real und keine Illusion. Wir verlassen uns auf unsere Bilder, Ideen und Gefühle so sehr wie auf die Wahrnehmungen der äußeren Welt. Freilich schreiben wir der äußeren Welt einen anderen Realitätswert zu, indem wir ihr «Dauer» zusprechen, unser seelisches Leben dagegen «vorübergehend» nennen. Ungeachtet dessen macht uns dieses strömende Seelenwesen fähig, die Dauerexistenz der äußeren Welt gewahr zu werden und zu erkennen.

Wäre diese Welt transzendent wie unsere Seele, so würde sie flüchtig erscheinen, wie eben unsere seelischen Prozesse flüchtig sind. Gerade durch die transzendente Flüchtigkeit ihrer Natur wird die Seele zum Schlüssel des Universums. Sie hat die Fähigkeit vorzustellen, zu reproduzieren, zu wiederholen, alle Dinge, die in der Welt existieren, neu zu schaffen.

Begehren und Urteilen

Die intentionalen und transzendenten Eigenschaften sind zwei grundlegende Merkmale unseres seelisch-geistigen Lebens. Wir versuchten sie zu beschreiben und stehen nun vor dem Problem, sie in das Gefüge der Seele einzubauen. Wo haben diese Eigenschaften ihren Ursprung? Haben sie ihren Schauplatz in der Seele oder ziehen sie nur durch sie hindurch? Besteht die Seele aus zielstrebigen und transzendenten Eigenschaften, oder gibt es noch andere Fähigkeiten von gleich großer Bedeutung? Wie sind die geistigen Fähigkeiten von Fühlen, Wollen und Denken mit ihnen verknüpft?

In verschiedenen seiner Vorträge über Psychologie spricht Rudolf Steiner von einer zweifachen Natur der Seele. Auf der einen Seite weist er auf die geistige Fähigkeit des Urteilens hin, auf der andern Seite zu den Zwillings-Aktivitäten von Lieben und Hassen. Er sagt: «Urteilen ist die eine Tätigkeit des Seelenlebens. Und die Summe der andern Erlebnisse des Seelenlebens erschöpft sich in dem, was man nennen kann die inneren Erlebnisse von Liebe und Haß. Wenn diese Worte im richtigen Sinne verstanden werden, umspannen sie innerlich, und zwar bis an seine Grenzen hin, das gesamte innere Seelenleben[12].»

Er fährt dann fort, diese zwei geistigen Prozesse zu erklären, und kommt zu der Folgerung: «Hinter dem, was in unserer Seele als Liebe und Haß auftritt, steht immer das Begehren und strahlt sich hinein in unser Seelenleben. So daß wir sagen können: Wir haben gleichsam eine Seite unseres Seelenlebens, . . . von der fließt herein in das Seelenleben das Begehren. – Und wenn wir jetzt in unsere Seele hineinschauen, was wird da aus dem Begehren? Liebe oder Haß? Dann schauen wir weiter in unsere Seele hinein, finden die Tätigkeit des Urteilens und fragen uns: Wohin führt diese Tätigkeit auf der anderen Seite? Und wir finden: Das Urteilen führt zur Vorstellung.»

Im *Urteilen* haben wir damit eine geistige Tätigkeit vor uns, die dauernd Begriffe und Bilder schafft. Mit Hilfe dieser Aktivität sind wir fähig, ein adäquates geistiges Bild der uns umgebenden Welt zu produzieren. Sobald wir dies verstehen, kommt uns in der Urteilskraft eine ähnliche Fähigkeit entgegen wie jene, die wir als transzendente Seeleneigenschaft beschrieben haben. Ihre schöpferischen Möglichkeiten und ihre bilderformende Kraft: beide sind in dem Prozeß des Urteilens enthalten.

Das *Begehren* jedoch, das aus den Tiefen des Unbewußten aufsteigt und sich als Liebe und Haß enthüllt, als Neigung und Abneigung, Sympathie und Antipathie, ist zutiefst verbunden mit der intentionalen Eigenschaft. Was kann es anderes sein als das Begehren, das die Seele an die umgebende Welt bindet, an all ihre Dinge und Wesen? Wir können beinahe sagen, daß das Herzstück des intentionalen Prozesses das Begehren ist. Diese Eigenschaft des Verlangens, des Strebens nach allem, was nicht die Seele selbst ist, sondern ihre Umgebung, liegt aller Intentionalität zugrunde.

Die urteilende Tätigkeit auf der andern Seite enthält transzendente Züge; die letzteren geben der urteilenden Seele die Kraft, immerwährend Begriffe und Bilder zu schaffen. Es ist ein Prozeß, der innerhalb der Grenzen der Seele selbst bleibt, weil die transzendenten Fähigkeiten die Umwelt zu einem Teil der Seele gemacht haben. Die transzendente Fähigkeit übergibt der Seele das Material für ihre urteilende Tätigkeit, während die ausstrahlende Kraft des Begehrens die Seele mit ihrer Umgebung verbindet und dadurch ihre Intentionalität erschafft.

Jetzt sind wir imstande, dies alles der «Geographie» der Seele hinzuzufügen. Es wird klar, daß der Prozeß des Urteilens die grundlegende Kraft für «mind» ist. Unsere Begriffe, Ideen und Bilder sind in diesem Bereich enthalten; hier haben sie ihr Erscheinungsfeld. Begriffe steigen auf und vergehen wieder im

12 Rudolf Steiner: «Psychosophie», 4 Vorträge, 1. Vortrag 1. 11. 1910, GA Bibl. Nr. 115.

Licht des bewußten «mind». Die Gedankenkraft lebt in dieser Region, und von dem Augenblick an, wo wir erwachen, bis zu jenem andern, da wir einschlafen, ist «mind» das Zentrum des geistigen Tageslebens. Dahinter steht das Schöpferische der transzendentalen Seelenkraft, das sich im Prozeß des Urteilens enthüllt.

Die andere Seelentätigkeit ist das Begehren. Es steigt aus der unbewußten Seelenregion auf und erleuchtet den fortlaufenden Strom der intentionalen Handlungen. Diese enthüllen sich in der Sphäre unserer Empfindungen und Gefühle; hier erscheinen sie in all den verschiedenen Formen von Liebe und Haß. Neigung und Abneigung tragen die Seele zu der intentionalen Begegnung mit äußeren Dingen und Ereignissen; zu den eigentlichen Bildern in der Region von «mind» so gut wie zu der Begegnung in der Sphäre der Gefühle und zum direkten Kontakt mit Dingen und Wesen auf dem Willensfeld.

Allumfassend ist die Macht des Begehrens. Es entspringt in jenen Teilen der Seele, die innig verknüpft sind mit der Körperlichkeit, in der sie lebt. Hier ist die Region, in der die unbewußten Willensaktivitäten ihren Sitz haben; aus dieser dunklen Ecke unseres Daseins steigt das Begehren auf. Es kann eine *männliche* Eigenschaft genannt werden.

Die transzendente Fähigkeit ist anders. Sie durchdringt den Urteilsprozeß mit schöpferischer Kraft und sucht alle Dinge und Wesen zu umfassen und neu zu erschaffen. Wir können sie als *weiblichen* Einschlag vorstellen.

Schließlich müssen wir fragen, in welcher Weise sind diese zwei Attribute – das männliche und weibliche – miteinander verbunden? Wenn unsere Vorstellungen richtig sind, können wir verstehen, daß die ausstrahlende Kraft des Begehrens ein Akt geistiger Ausatmung ist. Die Seele macht eine Ausdehnung durch im Prozeß des Begehrens, während sie die intentionalen Eigenschaften durchdringt; ihre Fähigkeiten atmen über die Welt hin aus. Die transzendente Eigenschaft atmet wieder ein und nimmt die Grenzen der Seele auf ihr eigenes Gebiet zurück. Diese Tätigkeit hat eine Konzentration und Verdichtung innerhalb der Seele zur Folge und läßt den Urteilsprozeß aufsteigen.

Wir begegnen dabei der grundlegendsten Tätigkeit der Seele: dem Prozeß des Atmens zwischen äußerer und innerer Welt. Das Begehren ist ein Akt des Ausatmens, das Urteilen ein Akt des Einatmens. In der griechischen Mythologie wurde die menschliche Seele in der Gestalt der *Göttin Psyche* vorgestellt. Sie wurde von Eros begleitet, und in imaginativer Art beschreibt die Geschichte dieser beiden, ihrer Liebe, ihrer Trennung und endlichen Vereinigung, das Spiel der beiden Tätigkeiten, die sich innerhalb der Seele abspielen.

Die Geschichte von Eros und Psyche erzählt, daß der Gott der Göttin erschien unter dem Schleier der Dunkelheit; sie durfte ihn nicht sehen, nicht seine Göttergestalt erkennen. Doch wurde Psyche von Neugier geplagt, entzündete die Lampe, während Eros schlief, und gewahrte seine Schönheit. Daraufhin muß er sie verlassen, und sie geht auf lange, abenteuerliche Suche nach ihm.

Eros ist das Bild der begehrenden Fähigkeit, Psyche der transzendenten Eigenschaft der Seele. Sie suchen einander und verfehlen sich; sie vereinigen und trennen sich; es ist ein fortdauernder Prozeß des Ein- und Ausatmens, des Zusammenziehens und Ausdehnens.

Wir haben nun zwei neue Elemente entdeckt, die im Bereich der menschlichen Seele arbeiten. Diese zwei grundlegenden Kräfte durchdringen unser geistig-seelisches Wesen und sind die Grundlage unseres Seelenlebens. So wie das gewöhnliche Atmen uns fähig macht, unser irdisches Leben von der Geburt bis zum Tor des Todes zu durchlaufen, so hält die geistige Atmung unsere Seele aufrecht und wach gegenüber der Welt. Eros atmet aus, und Psyche atmet ein.

Die Tätigkeit des geistigen Einatmens versetzt «mind» in Aktivität. Psyche entzündet die Lampe, um zu sehen und zu wissen. Aber ihr Blick ist getrübt durch das gebrochene Versprechen; so wurde auch unser Verstand verdunkelt durch die Sünde, die wir begingen, als im Sündenfall unsere «Augen geöffnet wurden». Was immer der «mind» unternimmt, es erscheinen ihm nur die Scheinbilder der Welt, und die Urteilskraft behauptet ihre Wirklichkeit. Mit der Zeit jedoch entwickelt sich eine neue Sehnsucht im Reich der Psyche; sie sehnt sich nach der Offenbarung des Geistes. Sie muß die Tugend der Demut lernen, um dieses Ziel zu erreichen.

Die Tätigkeit geistiger Ausatmung hat ihren Ursprung im Reich des Unbewußten. Eros erscheint, und in der Verkleidung einer Schlange verlangt er nach Psyche. Er versucht die Welt zu erobern, um sie seiner Braut zu Füßen zu legen. Sie aber bricht ihr feierliches Versprechen, treibt ihn dadurch hinweg, und er muß sie verlassen. Aber er erträgt die «Scheidung» nicht und sucht aufs neue nach seiner Gefährtin. Mit der Zeit steigt ein neues Verlangen im Bereich des Eros auf. Er möchte die Erde ertragen und das menschliche Leben erdulden in der Dunkelheit des Geschicks. Er muß die Tugend des Mitleids erringen, um seine Erlösung zu finden.

Bilder steigen nun auf; die Seele beginnt von sich selbst zu sprechen, sich zu benennen und ihr Wesen zu beschreiben.

III. Von der Landschaft der Seele

In den vorhergehenden Ausführungen versuchten wir im Überschauen der drei Regionen der Seele einige grundlegende Kräfte zu charakterisieren, auf denen alle geistig-seelischen Prozesse beruhen. Wir sprachen von der transzendenten Eigenschaft in ihrer Beziehung zu allen Erkenntnisfähigkeiten und beschrieben die intentionale Eigenschaft, die mit dem Bereich des Begehrens verbunden ist. Die transzendente Fähigkeit fanden wir mit der Sphäre von «mind» verwandt, während die intentionale Fähigkeit in den unbewußten Seelengefilden urständet.

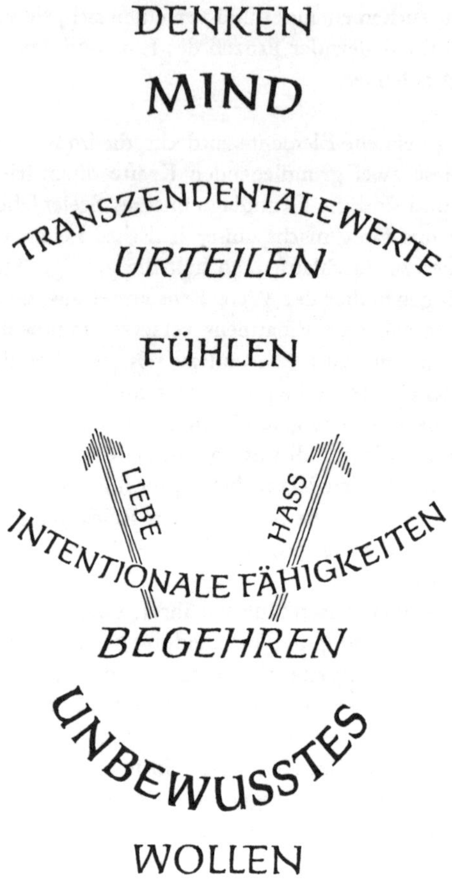

Wenn wir uns diese zwei Regionen vorstellen, «mind» und das Unbewußte, und uns ihrer polaren Stellung bewußt werden, kann eine vorläufige Skizze der geographischen Seelenkarte entworfen werden. Der Seelenbereich des «mind» ist durchsetzt von der *transzendenten* Fähigkeit, wodurch er uns zum Denken, Erinnern und Erkennen befähigt. Das *Unbewußte* ist von der Kraft des Begehrens erfüllt, die ihrerseits die intentionale Fähigkeit hervorruft.

«Mind» und das Unbewußte sind Bereiche und Regionen der Seele. Transzendente und intentionale Fähigkeiten auf der anderen Seite sind formende Kräfte. Sie versehen uns mit den fundamentalen Schichten, auf denen vielerlei Erfahrungen, bewußte wie unbewußte, gemacht werden können.

Wie ein lebender Körper, der aus mehreren Schichten besteht, ist auch die Seele aus zahlreichen Sphären, Strukturen und Eigenschaften zusammengesetzt. Diese weben ineinander, verschmelzen und verbinden sich, weshalb es sehr schwer ist, die verschiedenen Strukturen und Kräftespiele unterscheiden zu lernen.

Die transzendenten und intentionalen Fähigkeiten ergeben die Grundstruktur, und ohne sie wäre kein geistig-seelisches Leben möglich. Sie gehören dem Tier so gut wie dem Menschen an. Beide Qualitäten weben an dem Grundcharakter des Seelenwesens; beide sind in jedem einzelnen geistigen Prozeß enthalten, so wie Sauerstoff und Wasserstoff in jedem einzelnen Wassertropfen. Bei der Sinneswahrnehmung z. B. führt die intentionale Eigenschaft das begehrende Seelenwesen zum Objekt der Wahrnehmung; die transzendente Fähigkeit erfaßt das Bild des Objektes und führt es uns zu. Es wäre müßig, sich einen seelischen Akt vorzustellen, der nicht über intentionale oder transzendente Kräfte verfügt.

Diese bilden jedoch eine Art von *Unterlage*. Die Erfahrungen, Taten und Leiden der Seele mit all den mannigfachen Bildern erscheinen als ein dauernd sich veränderndes Gemälde auf einer Leinwand, eben jener Unterlage. Begehren und Urteilen, die beiden Kräfte, die wir weiter oben beschrieben haben, verleihen dieser Leinwand die rhythmische Fähigkeit des Ein- und Ausatmens.

Die Seele ist nie in Ruhe, steht nie still und ist nie fertig. Sie ist immer lebendig, immer rege, tätig und im Wechsel begriffen – ein vorbeiziehendes Panorama von Kräften, Bildern, Gefühlen, Eigenschaften, und wann immer wir versuchen, es festzuhalten, entzieht es sich unserem Zugriff und ist weitergezogen. Wie eine Landschaft ist die Seele, wo Tag zu Nacht wird, und Morgen in Abend übergeht. Die Wolken kommen und gehen, Hügel und Berge erscheinen in rasch wechselnden Farben. Himmel und Erde sind nie die gleichen. Regen und Sonnenschein, Hagel und Schnee treten auf und verschwinden. Bäume und Hecken wachsen Jahr um Jahr und verändern das Gesicht der Landschaft. Manche Felder sind mit Gras bedeckt, andere mit Korn. Winter und Sommer wechseln ab, Vögel kommen zurück und fliegen wieder weg; ihre Stimmen erfullen die Luft und verstummen. Blumen wachsen, blühen und welken. Welcher Aufwand von Aufstieg und Niedergang, von Leben und Tod, Freude und Schmerz ist in einem einzigen Tal!

All dies ist wie unsere Seele; was wir rings um uns gewahren als Landschaft unseres täglichen Lebens ist in anderer Form auch in uns selbst als der schillernde Lebensbereich unseres geistig-seelischen Seins. Für viele, die in der Stadt leben müssen, werden die Straßen mit ihrem wimmelnden Chaos zur Landschaft. Daher versuchen die Städter, sich ihre individuelle Landschaft innerhalb der Häuser und Räume zu schaffen. Mit Farben und Blumen, Teppichen und Vorhängen, Büchern und Tischen und Bildern gibt man seiner Umgebung die persönliche Note, so daß die Seele sich zu Hause fühlen kann und nicht völlig verhungern muß.

Die moderne Psychologie leidet an einem gewaltigen Mangel an Phantasie ihrer Vertreter. Der heutige Psychologe lebt für gewöhnlich in einer Geschäftsstraße mit Autos und Straßenbahnen; er hat sowenig wie seine Nebenmenschen noch teil an dem Kommen und Gehen der Jahreszeiten, dem Ab- und Zunehmen des Mondes, dem Auf- und Niedergehen des Tages. Seine Erlebnisse sind eingeengt und eingepfercht in die Welt von Menschen und Gegenständen; so verliert er den natürlichen Hintergrund des Daseins. Seine Psychologie ist ebenso konstruiert wie seine Umgebung. Geistig-seelische Erfahrungen, wie er sie sich vorstellt, sind so roh und steif und grau wie eine Vorstadtstraße oder ein Sprechzimmer in einer Kinderklinik. Himmel und Erde sind durch elektrisches Licht, Untersuchungsinstrumente und Asphaltpflaster ersetzt.

Unsere Aufgabe ist es, uns von den zwingenden Einflüssen zu befreien, die diese künstlichen Produkte ausüben. Wir müssen wieder lernen, *die Wunder der Seele in all ihrer Vielfalt zu erfassen, in ihrer Schönheit und ihrem immerwährenden Wechsel.* Unsere Suche geht jetzt dahin, die Eigenheiten der Seelenlandschaft aufzufinden.

Das Problem des Schmerzes

Eine dieser Eigenheiten ist das Erlebnis des *Schmerzes.* Jedes menschliche Wesen kennt den Schmerz und weiß, daß er eine allgemeine menschliche Erfahrung darstellt. Doch ist es sehr schwer, diese Erfahrung zu beschreiben oder eine angemessene Definition für diese universale Erscheinung zu finden. Sir Thomas Lewis schreibt im Vorwort seines Buches: «Die einfache Überlegung sagt mir, daß ich weit davon entfernt bin, den Schmerz, von dem ich schreibe, befriedigend zu definieren, und daß es daher keinen Sinn hätte, ihn definieren zu wollen. Der Schmerz ist uns gleich anderen subjektiven Erlebnissen durch Erfahrung und Beschreibung bekannt. Eine Definition in Worten oder umschreibenden Sätzen würde weder meine Leser noch mich weiterführen[13].»

Das ist ein ehrliches Bekenntnis, und wir werden es zunächst annehmen. Wir wissen, was gemeint ist, wenn wir von Schmerz sprechen. Andererseits verstehen wir unter Schmerz eine ganze Skala von Erlebnissen, so daß wir versuchen müssen, mindestens seine Grenzen festzulegen.

Ein anderes Buch über dasselbe Thema kann uns dabei helfen. Es ist ebenfalls von einem Lewis geschrieben und erschien zwei Jahre vor dem erstgenannten. Es behandelt dasselbe Phänomen von einem ganz verschiedenen Blickpunkt. Das Buch von Sir Thomas Lewis ist rein wissenschaftlich und beschäftigt sich mit nichts anderem als der Erforschung der organischen Struktur, die uns befähigt, Schmerz zu empfinden. Das zweite Buch betrachtet den Schmerz vom rein religiösen Standpunkt und versucht das uralte Problem zu ergründen, warum es Schmerz und Leid überhaupt gibt. Professor Lewis schreibt: «In Wahrheit hat das Wort Schmerz zweierlei Bedeutung, und diese beiden Sinngebungen müssen unterschieden werden. a) Eine besondere Art von Empfin-

[13] Thomas Lewis: «Pain», New York 1942.

dung, die wahrscheinlich durch spezialisierte Nervenfasern übermittelt und vom Patienten als solche empfunden wird, ob es ihm mißfällt oder nicht. b) Jede Erfahrung, ob körperlich oder geistig, die dem Patienten mißfällt. Man wird bemerken, daß alle Schmerzen im Sinne von a) Schmerzen im Sinne von b) werden, wenn sie sich über ein Mindestmaß hinaus steigern, daß aber die Schmerzen im Sinne von b) nicht Schmerzen im Sinne von a) sein müssen. Schmerzen im Sinne von b) sind in Wirklichkeit sinnverwandt mit Leiden, Angst, Störung, Widerwärtigkeit oder Kummer und Verdruß – und aus all diesen Erscheinungen steigt das Problem des Schmerzes auf[14].» Lewis erklärt dann, daß sein Buch nur mit den Schmerzen der Gattung b) zu tun habe, und nicht mit denen von a). Andererseits aber hat die These von Sir Thomas nichts anderes im Auge als gerade Schmerzen im Sinne von a).

Ist diese Einteilung alles in allem gerechtfertigt? Gibt es wirklich diese zwei Typen von Schmerzen? Lewis sagt ganz deutlich, Schmerz sei «eine besondere Art der Erfahrung», und diese sei mit speziellen Nervenfasern verknüpft. Solche Erfahrungen, Empfindungen können verschiedener Art wie auch verschiedenen Grades sein. Wir unterscheiden stechenden, pochenden, schneidenden, brennenden, dumpfen Schmerz und viele andere Abarten. Wir machen auch einen Unterschied zwischen einem Schmerz, einer pochenden Entzündung oder einem allgemeinen Wehtun und bezeichnen mit solchen Ausdrücken ziemlich unterschiedliche Empfindungen. Es gibt ein ganzes Spektrum von Schmerzen, und jede Art hat ihre besondere Färbung und Schattierung. Die Intensität eines brennenden Schmerzes oder einer pochenden Wunde kann sehr verschieden sein, und es gibt zahllose Varianten möglicher Schmerzen. Sie alle sind zu erfahren, und alle können Angst, Leiden, Verdruß, Beschwerden verursachen. Die letzteren Empfindungen sind keine Variationen des Schmerzes, sondern Reaktionen und Resultate des wirkenden Schmerzerlebnisses. Die Unterscheidung, die C. S. Lewis macht, ist in der Form, wie er sie beschreibt, ungerechtfertigt; er wirft Ursache und Wirkung durcheinander. Schmerz ist die Ursache des Leidens und der Beschwerden; die letzteren sind die Folgen.

Wenn ich den Verlust eines geliebten Menschen erleide, habe ich ein dumpfes Empfinden von Gram und Schmerz. In diesem Schmerz habe ich nicht bloß die Schmerzempfindung, sondern auch meine daraus entstehende Reaktion. Diese Reaktion ist mein Leid; der Schmerz selbst ist mein Kummer. Alle Schmerzen haben ziemlich ähnliche Empfindungen und Reaktionen. Wenn wir unseren Finger verletzen, ihn in Tür oder Fenster einklemmen, empfinden wir zuerst einen Schmerz, der durch unseren ganzen Körper geht, und wir können sogar ohnmächtig werden. Es ist uns schlecht und alles tut uns weh. Späterhin lokalisiert sich der Schmerz rund um den Finger; es wird ein pochender Schmerz, der unser Bewußtsein auf die schmerzende Stelle lenkt. Wenn es sich um einen tiefen

[14] C. S. Lewis: «The Problem of Pain», London 1940.

Schmerz handelt, wendet sich meine Aufmerksamkeit ihm dauernd zu. Ich werde dann jede Bewegung vermeiden, um den Finger ruhig zu halten. Ich fühle mich verletzt, verwirrt und in gewisser Weise beleidigt. Ein Schwarm von Gefühlen und Empfindungen werden durch den Schmerz und das daraus resultierende Leiden wachgerufen. Erst nach Tagen und Wochen bin ich allmählich wieder hergestellt.

Viele der mehr alltäglichen Krankheiten sind unvermeidbar mit Schmerz und Leiden verknüpft, und der «Patient», der Leidende, ist derjenige, der ihn zu ertragen hat. Es ist nicht mehr möglich, Krankheit und Schmerz zu identifizieren, aber sie haben sehr vieles miteinander gemeinsam, obwohl es Krankheiten ohne Schmerz und Leiden ohne Krankheit gibt.

Wenn wir uns nach all diesen Vorbemerkungen der eigentlichen Schmerzerfahrung zuwenden, können wir die Frage nach der geistig-seelischen Qualität stellen, aus der sie besteht. Ist es ein Gefühl, eine Empfindung, eine Emotion? Was ist es eigentlich? Der französische Philosoph Henri Bergson versuchte einst, das Erlebnis des Schmerzes zu erforschen, und er kam zu einem sehr feinsinnigen Ergebnis. «Der Schmerz, wie ich ihn verstehe, ist nichts anderes als die Anstrengung des verwundeten Organs, die Dinge wieder in Ordnung zu bringen; es ist eine Art motorische Tendenz in einem sensorischen Nerv. Jeder Schmerz ist somit eine Anstrengung, aber eine vergebliche[15].»

Damit ist die aktive Seite der Schmerzerfahrung aufgezeigt. Zu gleicher Zeit wird beschrieben, wie diese Aktivität durchkreuzt wird und wie wir unsere Schwäche und Unfähigkeit erfahren.

In ähnlicher Art tritt Rudolf Steiner an das Schmerzproblem heran. In einem seiner Vorträge[16] bringt er das folgende Beispiel. Nehmen Sie an, sagt er, Sie hätten eine Lieblingsbeschäftigung, vielleicht das tägliche Begießen von Blumen in Ihrem Garten. Eines Morgens aber entdecken Sie, daß die Gießkanne verschwunden ist, und dadurch können Sie Ihre Betätigung nicht ausführen. «Sie sind darüber betrübt. Da ist es kein physischer Schmerz. Aber in der Entbehrung Ihrer Lieblingsbeschäftigung können Sie so etwas wie einen physischen Schmerz empfinden.» Er fährt dann fort zu erklären, daß in einer körperlichen Verletzung unsere geistigen Kräfte die Möglichkeit verloren haben, das verletzte Organ zu gebrauchen. In ähnlicher Weise wie in dem Beispiel der verlorenen Gießkanne empfindet meine Seele als Schmerz und Entbehrung die Unmöglichkeit, eine gewohnte Tätigkeit auszuüben.

Schmerz ist nach Henri Bergson und Rudolf Steiner das Resultat einer Verunmöglichung, einer Verhinderung, das auszuführen, was wir gewöhnlich vollbringen. Daher verursacht der Verlust eines Freundes, ja selbst eines Gegen-

[15] Henri Bergson: «Materie und Gedächtnis», Jena 1919.

[16] Rudolf Steiner: «Der Christus-Impuls und die Entwicklung des Ich-Bewußtseins», 2. Vortrag, 22. 12. 1909, GA Bibl. Nr. 116.

standes, an den wir gewöhnt sind, ein Schmerzerlebnis. Schmerz ist das Symptom eines Verlustes. Er resultiert aus dem vergeblichen Bemühen, etwas wiederherzustellen, was wir vermissen. Daher denkt Bergson, Schmerz sei «eine Bewegungstendenz in einem sensorischen Nerv». Damit macht er freilich den Fehler, nicht zu unterscheiden zwischen einer geistigen Erfahrung und einem physischen Organ.

Wir haben schon festgestellt, daß Schmerz Leiden und Angst hervorruft, Kummer und Verdruß. Jetzt sehen wir, daß Schmerz an sich *ein Resultat des Entbehrens* ist, entstanden durch Verlust oder Verletzung. Das ist der Grund, warum gewöhnlich angenommen wird, Schmerz sei das Warnungssignal jedes lebenden Organismus vor drohender Gefahr. Diese Annahme hat ihre Wurzel in der Darwinistischen Entwicklungslehre, die behauptet, daß das Leben ein Kampf ums Dasein und um das Überleben sei und daß die meisten unserer physischen und geistigen Funktionen ein ganzes System von Angriff und Verteidigung darstellen. Daher glaubt man, der Schmerz sei eine Signalanlage zum Zweck der Warnung. Es ist dies eine völlige Illusion, die kein Körnchen Wahrheit enthält. Schmerz ist das Resultat von physischem, seelischem oder geistigem Verlust und entsprechender Entbehrung. In seinem Verlauf bringt er Leid, Kummer und Sorge mit sich.

Etwas passiert uns, und die Folge ist Schmerz und eine peinvolle Erfahrung. Diese gibt ihrerseits Anlaß für weitere Empfindungen, Gefühle und Stimmungen. Wir können daher dieses komplizierte Ineinanderspiel in der folgenden Art darstellen:

Verlust / Entbehrung / Verzicht } — geht über in → SCHMERZ enthält vereitelte Anstrengungen — läßt aufsteigen → { Leiden / Angst / Kummer / Sorge

Das ist eine ziemlich deutliche Darstellung all der mannigfachen Erfahrungen und Phänomene, die involviert sind, wenn Schmerz auftritt. Aber wir kehren zurück zu unserer Frage: Was ist Schmerz?

Der Physiologe sagt: «Schmerz stellt eine spezielle Eigenschaft der Empfindung dar», und er fügt hinzu: «aber er ist von einer weitgehenden Gefühlsbetonung begleitet[17]».

Die fortschrittlichen Psychologen sind nicht so sicher, ob der Schmerz eine eigentliche Empfindung ist oder nicht. Manche von ihnen reihen ihn unter die einfachen Gefühle ein, und Buytendijk widmet ein ganzes Kapitel seines hervorragenden Buches[18] dieser Frage des Schmerzes. Er erwägt die Für und Wider

[17] Samson Wright: «Applied Physiology», London 1952.
[18] F. J. J. Buytendijk: «Über den Schmerz», Bern 1948.

und gibt am Schluß keine klare Antwort. Dennoch können Selbstbeobachtung und Vergleich mit anderen seelischen Erlebnissen nur feststellen, daß Schmerz tatsächlich eine Empfindung ist. Er kann eine ganze Reihe verschiedenartigster Empfindungen aufsteigen lassen, Bewegungsreaktionen, Gefühle und andere innere Erlebnisse bewirken, aber in sich selbst ist er eine Empfindung. Als solche ist er zudem deutlich von vielen anderen Sinneswahrnehmungen zu unterscheiden, so etwa von Wärme und Kälte, Tastempfindungen oder Druck, Stichen und Streichen. Alle diese Empfindungen können von Schmerz begleitet sein; sie können sogar selbst in Schmerz ausarten, wenn sie zu stark sind; dennoch ist der eigentliche Schmerz von ihnen zu unterscheiden.

Wenn wir den Neurologen[19] fragen, wo die Schmerzempfindung ihr physisches Organ hat, wird er uns sagen, daß spezielle Nervenstränge die Übermittler der Schmerzempfindung sind. Über die ganze Haut hin, in ihren oberen und unteren Schichten, sind Nervenstränge verteilt, die anscheinend spezialisiert sind für die Schmerzempfindung. Die Frage jedoch, ob jeder sensorische Nerv fähig ist, eine Schmerzempfindung zu übermitteln oder nicht: diese Frage ist noch nicht gelöst. Andererseits hat eine große Zahl von speziellen Nerven, die eindeutig dieser Empfindung dienen, den Gedanken aufkommen lassen, daß es einen speziellen «Schmerzsinn» gebe. Es ist das eine interessante, aber sicher irreführende Idee. Wir müssen Buytendijk recht geben, der sagt: «Es gibt keinen Schmerzsinn, so wie es einen Tastsinn, einen Gesichtssinn gibt. Die Schmerzempfindung besitzt zwar eine eigene Qualität, welche sich nicht durch Verstärkung der anderen Sinneseindrücke hervorrufen läßt, auch ist die Schmerzempfindung ausschließlich durch Reizung einer bestimmten Gruppe von Nervenfasern zu erzielen, aber deshalb existiert noch kein Schmerz-Sinn.»

Dieses Argument ist nicht voll gültig, weil es keine Begründung für die Schlußfolgerung liefert, zu der Buytendijk gelangt, und weil er gewisse Merkmale des Schmerzes, die von großer Bedeutung sind, gar nicht erwähnt. Wir haben schon hervorgehoben, daß die Schmerzerfahrung sehr verschieden sein kann. Eine intime Selbstbeobachtung zusammen mit vielen Erinnerungen, die wir alle haben, belehrt uns, daß der Schmerz nicht nur sehr mannigfaltig in seiner Art sein kann, sondern auch in seiner Stärke; und nicht nur das. Wir können einen hellen, durchdringenden Schmerz von einem stumpfen und wühlenden unterscheiden. Der ersten Art schreiben wir eine gewisse stechende Qualität zu; es ist eine überwältigende Erfahrung. Während mit dem anderen ein tiefes, dunkles, brütendes Gefühl verbunden scheint. Wir treffen hier dieselben Qualitäten, die unsere Farben- und Tonwahrnehmungen einordnen. Hoch und tief, weich und stark: das gilt für Töne, Farben und Schmerzen. Die verschiedenen Schattierungen des Schmerzes können also sehr wohl mit den verschiedenen Farben verglichen werden.

[19] E. G. Walsh: «Physiology of the Nervous System», London 1957.

Die Schmerz- und Wundempfindungen sind häufig auch den Tönen und Tonqualitäten recht ähnlich, und es ist ganz gerechtfertigt zu sagen: «Ich höre die Engel singen», wenn man sehr große Schmerzen empfindet.

Wir können alle diese Möglichkeiten verschiedener Schmerzempfindungen als Orchester oder als Schmerzensorgel bezeichnen; doch können wir es auch ein unermeßliches Farbenspektrum nennen. Auf diese Weise werden wir gewahr des großen Universums von Schmerzerfahrungen, die soviel Ähnlichkeit mit anderen Sinneserlebnissen haben, obwohl sie andersartig sind.

Hier jedoch halten wir den Schlüssel zum Geheimnis des Schmerzes in Händen. Die Empfindung des Schmerzes ist keine Sinnesempfindung im eigentlichen Sinn des Wortes. Sie ist sowohl mehr wie weniger als diese Empfindung. Wenn wir Schmerzen haben, erleben wir eine geistige Kraft, die hinter allen anderen Sinneserfahrungen liegt. Schmerz ist nichts anderes als die generelle, die allgemeine Qualität aller anderen *spezialisierten* Sinneseindrücke. Hinter Blau und Gelb, Geruch, Geschmack, Tast- und Wärmeempfindung und all den verschiedenen Schattierungen und Tönen liegt eine einigende, allumfassende Kraft, die die Wahrnehmung von allen anderen ermöglicht. Dieser Urgrund der Sinneswahrnehmung steigt in uns auf als unmittelbare Erfahrung, wenn wir Schmerz empfinden. Hinter all unseren Sinnesempfindungen steht die Kraft des Schmerzes.

Rudolf Steiner sprach einmal über diesen Urgrund. Er sagte: «Wir sprechen nun in der gewöhnlichen Wissenschaft heute von dem Licht als in dem Beleuchteten enthalten. Geisteswissenschaft spricht so vom Licht: sie nennt Licht auch dasjenige, was anderen Sinneswahrnehmungen zugrunde liegt, wie z. B. das Licht der Tonwahrnehmungen[20].» Hier begegnen wir der Realität des Schmerzes. Sie ist das Licht, das durch die ganze Schöpfung flutet; das Licht, das hinter allen Farben wirkt; das Licht, das für uns nicht wahrnehmbar ist. Alles, was wir sehen, ist das Resultat des Lichtes. Das wahre Licht bleibt unsichtbar. Jedoch, wenn wir Schmerz erleben, begegnen wir unmittelbar diesem Licht, und es tut uns weh, wenn wir beginnen zu erkennen, daß es die allumfassende, alldurchdringliche Kraft ist, die ihr Zentrum in der Sonne hat.

Schmerz ist Licht. Das Erlebnis des Schmerzes bringt den Menschen Angesicht zu Angesicht mit den Schöpferkräften des Universums. Ist es daher verwunderlich, daß im Zentrum der Kornea, gegenüber der Pupille des Auges, die dichteste und exklusivste Nervenansammlung zu finden ist, die speziell der Schmerzübermittlung dient? Diese Tatsache spricht deutlich von der inneren Identität von Schmerz und Licht. Die schmerzvolle Kraft einer gnadelosen, blind machenden Sonne ist die Enthüllung dieser geheimnisvollen Identität.

[20] Rudolf Steiner: «Heilpädagogischer Kursus», 3. Vortrag, 27. 6. 1924, GA Bibl. Nr. 317.

Das Problem der Angst

Es gibt kaum ein geistiges Phänomen, das heutzutage mehr besprochen wird als das Problem der Angst. Gebsattel hat ganz recht, wenn er im einleitenden Paragraphen seines Aufsatzes über «Anthropologie und Angst» sagt: «Die Angst hat aufgehört, eine Privatangelegenheit des einzelnen zu sein. Der westliche Mensch lebt in Furcht und Angst; eine undefinierbare Ahnung von riesengroßer herankommender Gefahr erschüttert den Boden unter den Füßen. Die Wichtigkeit dieses Phänomens, das in den letzten hundert Jahren stetig zugenommen hat, erreicht heute einen höheren Stand als je zuvor. Könnte es sein, daß die Fähigkeit zu Angsterlebnissen im westlichen Menschen dauernd zugenommen hat während der letzten drei oder vier Generationen[21]?»

Bevor wir mit unseren Überlegungen weiter vorschreiten, wird es nötig sein, die Bedeutung des Wortes «Angst» zu klären und es von der sehr ähnlichen Erfahrung der Furcht zu unterscheiden. «Furcht» stammt von dem anglo-sächsischen «Foer», das eine plötzliche Gefahr und ein drohendes Unheil bedeutet und einst im Zusammenhang mit den Gefahren des Reisens verwendet wurde. Es ist das deutsche Wort «Furcht», das englische «fear». Dagegen ist «Angst» vom lateinischen «angustia» abgeleitet, das einen Zustand des Druckes, der Engigkeit, wiedergibt.

Angst ist eine Art anhaltender, über uns hereinbrechender Stimmung; sie wächst langsam, aber stetig heran und kann Tage und Wochen hindurch dauern. Furcht ist ein plötzlicher Überfall, in der Regel auch intensiver und daher dramatischer. Furcht ist ein Drama, Angst eine Elegie.

William Stern versucht Furcht und Angst in folgender Art zu unterscheiden: «Wir sprechen von Angst (im Gegensatz zu Furcht), wenn wir eine generelle Stimmung herabgesetzter Sicherheit meinen. Solche Stimmung braucht sich nicht an ein gefürchtetes Objekt zu heften; sie kann ohne sichtbaren äußeren Grund auftreten[22].»

Diese Unterscheidung zwischen Angst und Furcht ist sehr wichtig. Furcht ist immer an ein Objekt gebunden; Angst, wenigstens in ihren Anfängen, ist es nicht. Im weiteren Verlauf kann es allerdings eintreten, daß die Angst sich mit einem äußeren Objekt verbindet und sich sehr intensiv daran klammert. Wenn Angst auftritt, ist es also eine generelle Stimmung mit verschiedenen Graden der Intensität. Von einem kaum merkbaren dumpfen Gefühl kann sie zur überwältigenden Emotion werden, die das leidende Subjekt, den Patienten, nicht nur reizt, sondern verstört.

Wenn wir fragen, was das Erlebnis der Angst ist und was es bedeutet, Angst zu haben, ist es nicht leicht, eine angemessene Antwort zu finden. Wir wissen

[21] V. E. von Gebsattel: «Prolegomena einer medizinischen Anthropologie», Berlin 1954.
[22] William Stern: «Psychologie der frühen Kindheit», Leipzig 1928.

eine ganze Menge über die organischen Veränderungen, die im Zustand der Angst auftreten; Veränderungen im Blutdruck und Herzschlag, Anstieg des Atemrhythmus, Intensivierung der Muskeltätigkeit im gesamten Verdauungstrakt und viele andere Anzeichen sind wohlbekannt. Es wäre müßig, zu argumentieren, ob diese körperlichen Zustände die seelische Erfahrung der Angst hervorrufen oder umgekehrt.

Der gewöhnliche Zustand der Angst und Furcht ist schwer zu beschreiben. Es ist eine Art Empfindung, die über den ganzen Körper hin aufsteigt, verbunden mit dem Gefühl eines dunklen Einflusses, einer leichten Spannung, einer Wolke, die über unserem Fühlen und Denken lagert und über unser seelisch-geistiges Sein einen Schatten wirft. Die aufsteigende Angst durchdringt fast vollständig unser Wesen, und die organischen Veränderungen nehmen mit der Intensität des Zustandes zu. Schwitzen, Zittern, Bewegungsunfähigkeit, Herzklopfen, Zähneklappern, Unrast, Durchfall und andere Anzeichen schwereren oder leichteren Grades können das seelische Erleben der Angst begleiten.

Der Mensch gerät in einen Zustand der Verwirrung. Nicht nur seine Organe sind in ihren Funktionen gestört, sondern auch sein seelisches Wesen ist unfähig, folgerichtig zu handeln. Ein allgemeiner Erregungszustand ergreift die Seele und gleichzeitig die körperlichen Funktionen. Es ist, als ob der Schmerzensschrei der ganzen Schöpfung in der Seele widertönen würde. Für gewöhnlich wissen wir gar nicht, warum die Angst uns befallen hat. Wir kapitulieren vor ihr in der gleichen Art wie vor dem Schmerz. Wir sind von der Pein befallen und werden in dem dunklen Raum der Angst gefangengehalten. Die Wortbedeutung drückt die Erfahrung aus: «angustia» ist eng, fest – ein Gefühl von Druck, eine Fessel, die nicht gelockert werden kann.

Hinter der Angst steht der Abgrund des Unbekannten. Heidegger, der berühmte moderne Philosoph, prägte den Satz: «Angst enthüllt die Nichtigkeit.» Unsere Existenzgrundlage ist weggeschwemmt, und wir treiben ziellos dahin. Wir wissen nicht, wovor wir erschreckt sind, aber wir empfinden Unsicherheit, und irgendwo im Hintergrund lauert der Tod.

Loosli-Usteri drückt diese Erfahrung in sehr einleuchtender Form aus: «Zwischen der Emotion Angst – im tiefsten Grunde Todesangst – und dem Gefühl der Furcht – letzten Endes Gottesfurcht – liegt eine ganze Stufenleiter von Reaktionen, in denen die ursprüngliche Emotion durch Erfahrung und Vernunft umgemodelt erscheint ... Zweifellos ist es eine der schönsten erzieherischen Aufgaben, das Kind so zu leiten, daß sich die blinde Angst in vernünftige Furcht umwandelt. Die Furcht des Herrn und nicht die Angst vor ihm ist der Weisheit Anfang[23].»

Dauernder Angstzustand ist die Verfassung einer Welt, in der die Erziehung dieses Ziel verfehlt hat. Der Zeitgenosse ist aus keinem anderen Grund von

[23] M. Loosli-Usteri: «Die Angst des Kindes», S. 23/24, Bern 1948.

Angst erfüllt. Unsere Erziehung in Schule wie Familie hat nicht verstanden, die Todesangst in Gottesfurcht zu wandeln. Daher stehen wir vor dem dauernden Ansteigen neurotischer Zustände, die ihrerseits das Resultat unüberwindlicher Angstzustände sind.

Von Geburt an liegt die Angst in jedem Menschenkinde. Sie lagert in den Tälern unserer Seelen und macht sich zu irgendeinem gegebenen Moment bemerkbar. Ein Stolpern, ein Fall, ein plötzlicher Schreck, ein Asthmaanfall, ein prophetischer Traum, ein dumpfes Gefühl der Unsicherheit; all dies führt zu Angstgefühlen. Andererseits kann die Stimmung der Angst auch ohne jeden Grund auftauchen. Sie überfällt uns aus den Tiefen des Unbewußten, und wir werden ihr Sklave.

Es ist gerechtfertigt, daß wir die Angst eine Emotion nennen, sie ähnelt vielen anderen emotionellen Zuständen wie Zorn, Haß, Freude, Sorge usw. Auch diese Erscheinungen sind nicht wirkliche Gefühle, sie sind sowohl mehr wie weniger. Die grundlegende Form der Gefühle ist Sympathie auf der einen und Antipathie auf der andern Seite. Ein emotioneller Zustand ist viel gewaltiger, viel dramatischer. Er ist wie ein plötzlicher Witterungswechsel in der Seelenlandschaft. Ein klarer, schöner Tag wechselt im Nu und zeigt aufsteigenden Sturm, Regengüsse und andere Wettereinbrüche.

Solch eine Emotion ist die Angst. Sie steigt als ein Nebel in unserer Seele auf, ein Schleier verdeckt den Horizont und bedeckt allmählich das ganze Land. Die Umrisse der Dinge verschwinden und wir finden unseren Weg nicht mehr. Dunkelheit umhüllt uns; wir sind abgeschnitten von anderen Wesen. Himmel und Erde gehen ineinander über. Die nähere Umgebung nimmt häßliche Formen an, ein Baumstumpf erscheint als gebückte Gestalt, ein Erdklumpen als wildes Tier. Wir verlieren unsere Sprache. Das, was um uns geschieht, wenn dichter Nebel aufsteigt, spielt sich in unserem Innern ab, wenn wir in Angstzustand geraten.

Die Frage bleibt: Woher steigt der Nebel der Angst auf? Wir finden wieder eine Antwort, wenn wir uns an das erinnern, was Rudolf Steiner einst über den Tastsinn gesagt hat. Er spricht nicht von der Sinnesempfindung selbst, sondern von allem, was dahinter liegt. Er lenkt unsere Aufmerksamkeit zu dem geistigen Hintergrund dieser Empfindung: «Eigentlich ist das, was wir im Tastsinn haben, ein inneres Erlebnis, aber was da innerlich vorgeht, das bleibt ganz im Unbewußten. Davon ist nur ein Schatten vorhanden in den Eigenschaften des Tastsinns, die wir den Körpern zuschreiben. Aber das Organ des Tastsinns, das macht, daß wir die Gegenstände seiden oder wollen, hart oder weich, rauh oder glatt *fühlen.* Das strahlt auch ins Innere hinein, das strahlt in die Seele herein; nur merkt der Mensch den Zusammenhang seines seelischen Erlebnisses mit dem, was der äußere Tastsinn ertastet, nicht, weil die Dinge sich sehr differenzieren. Was da ins Innere hineinstrahlt, und was nach außen hin erlebt wird, ist nichts anderes, als das Durchdrungensein mit dem Gottgefühl. Der Mensch würde, wenn er keinen Tastsinn hätte, das Gottgefühl nicht haben. Was da im Tastsinn sich als Rauheit und Glätte, Härte und Weichheit erfühlt, das ist das nach außen Strahlende; was sich zurückschlägt in der Seelenerscheinung, das ist das Durchdrungensein mit dem Sein als solchem. Wir konstatieren das Sein der äußeren Welt gerade durch den Tastsinn[24].»

Jetzt lernen wir den Hintergrund der Angst verstehen. Dieses Erlebnis ist letztlich mit dem Tastsinn verknüpft, weil gerade dieser Sinn uns ermöglicht, nicht nur die unmittelbare physische Umgebung zu erleben, sondern weil er uns innere Sicherheit gibt. Wenn wir ein Ding sehen oder seinen Ton hören, sind wir nie ganz sicher, inwieweit es Realität hat. Sobald wir es berühren, sind wir überzeugt, daß es existiert. Der Tastsinn bestätigt uns die physische Realität eines Gegenstandes oder eines Wesens. In ähnlicher Art versichert er uns der göttlichen Gegenwart. Das letztere Erlebnis ist kein bewußtes, vollzieht sich aber in den Tiefen unseres Unbewußten. Es bildet eine der Grundlagen unseres Lebens. Wir wissen von Gott, weil wir seine Gegenwart unterbewußt erleben – durch unseren Tastsinn.

Angst zu haben bedeutet den zeitweisen Verlust dieser grundlegenden Erfahrung. Solcher Verlust ist verbunden mit einer Lockerung der Seele vom physischen Instrument des Tastsinns. Unsere Seele ist an die ganze Oberfläche unserer Haut gebunden. Der Tastsinn ist wie ein Hafen, in dem das Schiff unserer Seele verankert ist. Wenn der Anker gelichtet wird, treibt das Schiff dahin ohne richtigen Halt, und der Nebel der Angst steigt auf. Jedes unvorhergesehene Erlebnis wie ein Schock, ein Schrecken oder eine Überraschung kann dies herbeiführen. Aber auch ein allmählicher Verlust des Glaubens, eine anhaltende Unsicherheit in bezug auf die Zukunft kann die Grundlage unseres Lebens erschüttern, uns des Gefühls der göttlichen Gegenwart berauben und dadurch zum Anlaß werden, daß Angst aufsteigt. Der Nebel der Unsicherheit breitet seine Flügel aus und umhüllt die Seele mit Finsternis.

Nun kehren wir zu dem Begriff der *Emotion* zurück. Wir nannten sie einen Wetterumsturz in der Seelenlandschaft. Zunächst war dies nicht mehr als ein bildlicher Vergleich, doch jetzt zeigt dieser sich als wahres Bild. Angst entsteht, wenn die Seele aus dem Hafen des Tastsinns fortgetrieben wird. Das Schiff verläßt das Ufer und treibt den offenen Gewässern des Ozeans zu. Wenn kein Steuermann da ist, der seinen Kurs bestimmen kann, wird die Angst auftreten. Das Wasser wird zu Nebel und die Sicht ist von Dunkelheit verhüllt.

Blinde Kinder leben unter einem Mantel von Angst. Niemand ist so vollständig der Angst und Furcht überliefert wie ein Blinder. Wo Licht, Sicht, Aussicht fehlt, erstehen Angst und Furcht. Die Sonne zerstreut den Nebel; die Klarheit des Sehvermögens vertreibt den Dunst der Angst.

[24] Rudolf Steiner: «Die zwölf Sinne des Menschen», Vortrag vom 8. August 1920, GA Bibl. Nr. 199.

Empfindungen wie der Schmerz sind Kinder des Lichts oder das Licht selbst. Emotionen wie Furcht und Angst sind Kinder der Finsternis oder die Finsternis selbst.

Ein weiteres Paar der mentalen Kräfte wurde beschrieben. Eine Analyse des Schmerzes führte uns zum Verständnis von Empfindungswerten. Das Studium der Angst offenbarte die universale Natur der Emotionen. Beide gehören zur Seele; sie sind unserem Gemütsleben als Fähigkeiten der Transzendenz und der Intentionalität eigen.

Empfindungen sind Kinder des Lichts. Die verschiedenen Abschattierungen des Lichtes, seine Taten und Leiden, sind nicht nur Farben, sondern auch die mannigfaltigen Formen der Empfindungen. Unsere gewöhnlichen Sinneserlebnisse sind, bevor sie sich zu Wahrnehmungen erhoben haben, diese Empfindungen.

Emotionen sind die Kinder der Dunkelheit. Die verschiedenen Erscheinungsformen der Dunkelheit, ihre bedrückenden oder erholsamen Auswirkungen, ziehen durch unsere Seele und füllen sie mit Freude oder Trauer, mit Frohsinn oder Schmerz.

Als Adam von dem Apfel aß, den Eva vom Baume der Erkenntnis gepflückt hatte, wurden seine Augen aufgetan; sein Herz begann von Furcht und Angst überwältigt zu werden. Die Schuld war in ihm, und als er vor Gottes Thron gerufen wurde, bekannte er: «Ich hörte Deine Stimme im Garten und erschrak, weil ich nackt war; und ich verbarg mich.» Das war die erste Begegnung mit der Angst. Es war «in der Kühle des Tages», als es geschah. Der Abendnebel stieg auf, und Adam wußte zum erstenmal, was es heißt: sterben. Das Geheimnis der Angst ist das Geheimnis des menschlichen Todes. Das Geheimnis des Schmerzes ist das Geheimnis des göttlichen Lichts. Beide haben ihren Ursprung im Sündenfall.

Bilder steigen nun auf; die Seele beginnt, von sich selbst zu sprechen, sich selbst zu benennen, ihr Wesen zu beschreiben. Licht und Finsternis leben in der Seele und bilden die Seele.

IV. Die Sprache der Emotionen

Unsere Erkundungen in bezug auf das Rätsel der Angst eröffnen das Studium im Bereich der Emotionen. Es ist dies ein ziemlich vernachlässigtes Kapitel der modernen Psychologie, obwohl verschiedentlich versucht wurde, dieses weite Gebiet des menschlichen Seins zu beschreiben und zu charakterisieren. Wir alle sind fortwährend unter dem direkten oder indirekten Einfluß unseres emotionellen Lebens. Viele unserer Handlungen und Entscheidungen werden bestimmt und geleitet von starken Gefühlsmomenten.

Die Seelenlandschaft, die wir beschrieben haben, ist durch atmosphärisches Ineinanderspiel in dauerndem Wechsel begriffen; Regen, Wind und Hagel machen schönem und konstantem Wetter Platz. Zeitweise ist der Himmel bedeckt, dann wieder erfreut er uns durch wolkenlose Klarheit. Der aufsteigende Nebel der Angst kann von dem zuversichtlichen Anblick des Sternenhimmels gefolgt sein. Seelenmeteorologie ist Kenntnis und Darstellung unseres emotionellen Lebens. Unser inneres Wetter wird durch Emotionen gemacht.

Die moderne Psychologie versucht immerzu, das Rätsel der menschlichen Emotionen zu verstehen. Die Entdeckung des Unbewußten hat zu einem besseren Verständnis des Problems verholfen, anderseits hat gerade diese Entdeckung zu vielen Schwierigkeiten und Komplikationen geführt. Was meinen wir, wenn wir von Emotionen sprechen? Sind sie identisch mit den Gefühlen? Sind sie Empfindungen? Was ist der Unterschied zwischen Emotionen, Empfindungen und Gefühlen? Diese Fragen sind nicht so leicht zu beantworten, und es gibt eine Menge divergierender Gesichtspunkte.

McDougall z. B. schreibt: «Lassen Sie uns die einleuchtende Tatsache festhalten, daß es solche Dinge wie ‹Emotionen› nicht gibt, sowenig wie ‹Empfindungen› oder ‹Ideen› oder ‹Begriffe›[25].» Dieser Autor ist überzeugt, daß es gänzlich unrichtig ist, von solchen Tatsachen als Objekten zu sprechen. Wir haben emotionelle Erfahrungen, aber keine Emotionen; diese existieren nach McDougalls Auffassung überhaupt nicht. Er bezieht in den generellen Begriff «emotionelle Erfahrung» alle die verschiedenen seelisch-geistigen Eigenschaften ein wie Furcht, Abscheu, Neugier, Lust, Vergnügen etc. und verschleiert damit die Ordnung und Erscheinung der Emotionen, anstatt sie zu klären. Doch ist dies heutzutage überhaupt der Fall in Büchern und Schriften über Psychologie. Verschiedenartige Gefühle, Sensationen und selbst Sinneswahrnehmungen werden «Emotionen» oder «Gefühle» genannt, und es ist recht schwer, zwischen diesem Dickicht der Nomenklatur hindurchzufinden.

In einem anderen Buch über Psychologie lasen wir: «Emotion ist ein ‹bewegter› oder aufgescheuchter Zustand des Individuums. Es ist ein aufgerührter Gefühlszustand – so wenigstens erscheint es der betreffenden Person selbst. Es ist die gestörte Muskel- und Drüsen-Aktivität – so erscheint es dem Beobachter von außen, der die geballten Fäuste und das zornrote Gesicht und die Verzweiflungstränen sieht oder das laute Glücksgelächter und die Fröhlichkeit des Liebeswerbens hört ... Jede Emotion ist ein Gefühl, und jede ist gleichzeitig ein Ablauf von Bewegungen. Furcht will entrinnen, Zorn angreifen ... Emotion ist auch ein organischer Zustand. Herz, Magen und andere Körperorgane werden durch Emotionen gestört[26].»

Mit dieser Beschreibung kommen wir einen Schritt weiter, weil wir die fest-

[25] W. McDougall: «An Outline of Psychology», London 1948.
[26] R. S. Woodworth & D. G. Marquis: «Psychology», London 1952.

stehende Verbindung jeder Emotion mit dem organischen Körperzustand verstehen lernen. Zwar ist es ganz ungerechtfertigt zu sagen, daß durch das emotionelle Erlebnis «die inneren Organe gestört» werden. Wir können nur sagen, daß sie in anderer Weise funktionieren als vorher. In einer Katze z. B., die gerade ihr Fressen verdaut, kann ein Zorngefühl unmittelbar die Schüttelbewegungen ihres Magens und Dünndarmes stoppen. Ein plötzliches Furchtgefühl kann den Menschen mit Blässe und Schweiß überziehen, und eine seelische Aufregung ist gewöhnlich von verändertem Blutdruck und unregelmäßiger Atmung begleitet.

Somit begreifen wir, daß Emotionen intim zusammenhängen mit unserer Leibesnatur und daß nicht nur unsere Gefühle «bewegt» und «aufgerührt» werden, sondern unsere ganze Konstitution. Es hängt von der Stärke der einzelnen Emotionen ab, welches Ausmaß dieses «Aufgerührtsein» erreicht. Darüber besteht kein Zweifel, daß Emotionen sehr verschieden sind an Ausmaß und Tiefe. Zorn z. B. kann lediglich ein Zustand der Gereiztheit sein oder er kann sich zu Wut und Rage steigern. In ähnlicher Art haben alle anderen Emotionen ein bestimmtes Spektrum oder eine Skala ihrer Erscheinungsformen.

Jedoch führt uns dies nicht weiter auf dem Weg richtiger Einordnung der verschiedenen Emotionen. William James[27] unterscheidet zwischen «rohen» und «feinen» Emotionen und nennt Furcht, Liebe, Haß, Scham, Kummer und ähnliche Erlebnisse «roh», während «feinere» emotionelle Empfindungen bei religiösen, ästhetischen und sonstigen geistigen Erlebnissen vorkommen sollen. Im Zusammenhang mit dieser Einteilung schreibt McKellar: «Eine zweite Unterscheidung muß zwischen Emotion und Gefühl gemacht werden. Liebe und Haß, obwohl James sie unter die Emotionen einreiht, würden heutzutage eher als Systeme emotioneller Dispositionen oder Gefühle gewertet werden[28].» Und als «Gefühl» bezeichnet dieser Autor «die ganze Reihenfolge von emotionellen Erlebnissen, die unter verschiedenen Umständen sich auf das Objekt beziehen». Er fährt fort, die Gefühle in folgender Art zu klassifizieren: «Positive Gefühle wie Liebe, Neigung und Respekt lassen eine Reihe von Emotionen aufsteigen, die dem Objekt gegenüber sympathisch eingestellt sind; negative Gefühle wie Haß, Abneigung und Verachtung führen zu einer Reihe von antipathischen Emotionen gegenüber dem Objekt.»

Hier wird ganz deutlich, daß, was McKellar Gefühl nennt, nicht «ein System von Emotionen» ist, sondern eher ein Zustand, der eine Selbstdarstellung der Emotionen ermöglicht. Mir jedenfalls erscheint es ganz ungerechtfertigt, «Respekt» oder «Haß» als eine Skala von Emotionen zu bezeichnen. Wir mögen solche Zustände «Gefühle» nennen, aber wir sollten sie nie mit einzelnen Emotionen oder Emotionsgruppen identifizieren.

[27] William James: «Textbook on Psychology», London 1892.
[28] P. McKellar: «A Textbook on Human Psychology», London 1952.

Ein fundamentaler Irrtum, der all diesen Anschauungen zugrunde liegt, kann in Darwins Aufsatz über den «Ausdruck der Emotionen bei Mensch und Tier» gefunden werden. Seinen Ausführungen liegt die Idee zugrunde, daß alle Emotionen eine Art seelischer Restbestand von weit zurückliegenden Zuständen sind, als der Kampf ums Dasein noch im Gang war. Oder, wie McDougall es formuliert, daß Emotionen eine Art «Anpassung des Körpers» sind an die Art und Weise «instinktiven Verhaltens der Gattung. Jede Art instinktiven Verhaltens verlangt für ihre bestmögliche Ausführung die Zusammenarbeit aller Teile und Organe des Körpers.» Also werfen McDougall und die meisten anderen Psychologen instinktives Verhalten und emotionelle Erfahrungen in einen Topf und präsentieren uns Gleichungen wie die folgenden:

Fluchtinstinkt – Furcht
Kampfinstinkt – Zorn
elterlicher Instinkt – zärtliche Gefühle usw.

Diese Beziehungssetzungen sind völlig unbegründet und einfach das Resultat der Darwinistischen Idee, daß das Leben nichts anderes sei als das Überleben der Tauglichsten. Diese unglückliche Anschauung hat die wahre Natur unserer Emotionen verschleiert und den Einblick in ihr wirkliches Wesen verhindert.

Wir nannten die Emotionen «Kinder der Finsternis» im Vergleich zu den Sinnesempfindungen, «Kindern des Lichts». Wir werden Emotionen nur verstehen, wenn wir sie als gesonderte Entitäten ansehen, die in unseren Seelen leben, auf- und untertauchen wie Wesen, die erwachen und wieder einschlafen. Zorn steigt nicht in der Art auf, daß ich besser kämpfen und meinen Feind besiegen könnte; auch Furcht stärkt mich nicht zur Flucht. Emotionen kommen nicht, um mir in meinem täglichen Leben Hilfe zu bringen oder Hindernisse zu bereiten. Die grundlegenden Emotionen sind Mahner für unser Selbst in fremdartigen und unerwarteten Situationen. Emotionen warnen; sie rufen uns auf und warnen uns und lassen uns Situationen gewahren, die uns vorher nicht bewußt waren.

Als wir das Lachen und Weinen behandelten und als «emotionelle Ausbrüche» bezeichneten, zitierten wir Plessners Ausspruch, daß «wir weinen und lachen in einer Situation, für die wir keine andere Antwort finden». Und wir fügten hinzu: «Anstatt einer verstandesmäßigen Antwort erfolgen die Reaktionen von Weinen und Lachen.» Damit ist eine grundlegende Einsicht gewonnen, die auf jede Art von Emotion anwendbar ist. Wir können nun feststellen, daß Emotionen Antworten ohne Worte sind auf jene Fragen, die uns durch besondere Lebenssituationen gestellt werden; *Emotionen sind eine Sprache ohne Worte.* Zwar sprechen sie nicht mit Worten, aber sie sind doch sehr ausdrucksvoll. Sie sind allen Menschen über die Erde hin gemeinsam. Die Schicht unseres emotionellen Lebens liegt auf dem Grunde unseres Unterbewußtseins; sie ist das Überbleibsel einer ursprünglichen Sprache, die einst alle Menschen vereinte. Bevor der «Turm von Babel» gebaut wurde, sprachen die Menschen nicht in Worten, sondern in emotionellen Ausdrücken, in Gesten und Gefühlen. Sie alle sprachen dieselbe Ursprache. Es war zu der Zeit, als wir noch den Gesang der Vögel und die Sprache der Tiere verstehen konnten.

Die Reste dieser Sprache sind noch in unserer Seele. Nicht mein Ich spricht sie; mein Unterbewußtes stößt diese Sprache aus – sie ruft mich, sie schreit, sie schüttelt mich wach und warnt mich. Es ist eine sehr deutliche Art des Sprechens, und ich bin gewöhnt, darauf zu hören.

McDougall beurteilt unser emotionelles Leben falsch, wenn er sich über den Gebrauch des Wortes «Emotion» als Substantiv lustig macht. Furcht, Zorn, Haß, Scham und all die übrigen Emotionen sowohl wie unsere emotionellen Reaktionen von Lachen und Weinen sind gesonderte Entitäten in unserer Seele. Jede hat ihre spezielle Art; jede unterscheidet sich von der anderen wie Regen von Schnee, Hagel von Donner. Doch sprechen sie alle die Sprache, die unmittelbar zu verstehen ist, sowohl von jenem, der die Emotion erlebt, wie von dem anderen, der den emotionellen Ausbruch beobachtet.

Die Bedeutung des Zornes

Eine generelle Erforschung der Natur der Emotionen kann nur fruchtbringend sein, wenn man dazu übergeht, die einzelnen Erscheinungen des emotionellen Lebens zu betrachten. Wenn man von «Emotionen» spricht, bedeutet es höchstens eine verallgemeinernde Charakterisierung jenes besonderen Seelengebietes, das sich in der Sprache von Gefühlen, Leidenschaften und Gesinnungen äußert. Jede einzelne Emotion hat ihre ganz besondere Erscheinungsform. Furcht ist verschieden von Angst; Zorn ist sehr verschieden von Scham und Mut. Das Heimweh hat ganz charakteristische Züge, die nur dieser Emotion angehören.

Der Zorn ist wahrscheinlich eine der ältesten Emotionen. Er nimmt unter allen emotionellen Äußerungen einen gesonderten Platz ein; er allein wird göttlichen Wesen zugeschrieben. Das Alte Testament spricht von dem «grimmigen Zorn des Herrn» an verschiedenen Stellen. Eine uns ganz vertraute Vorstellung ist Zeus, der im Zorn seine Blitze in die böse Welt sendet, oder auch Wotan, der in göttlichem Zorn seinen Donnerkeil schwingt.

Die Sprache hat mehrere Ausdrücke für das ganze Spektrum des Zornes. McKellar spricht von einer Steigerungs-Reihenfolge und zählt folgende Grade auf: Gereiztheit, Verdrießlichkeit, leichte Ärgerlichkeit, eigentlicher Zorn, Rage und Wut. Es erscheint fraglich, ob man die Zustände von Gereiztheit und Verdrießlichkeit als Erscheinungsformen des Zornes bezeichnen kann. Wenn ich gereizt bin, muß ich noch nicht in Zorn explodieren; noch auch ist Ärger etwas, das mit einem richtigen Ausbruch von leichtem oder heftigem Zorn verglichen werden kann. Wenn ich nur ärgerlich bin, bin ich über irgend etwas Vorgefallenes gereizt. Vielleicht wurde ich in einem Vorhaben gehindert oder widersprochen von irgend jemandem, der verschiedener Meinung war. Ärgerlich zu sein bedeutet, daß ich überhaupt gehemmt und aufgehalten wurde. Einen Zug versäumt zu haben oder von jemandem «versetzt» worden zu sein, macht verdrießlich, ärgerlich.

Wir haben dann ein Gefühl, allein gelassen zu werden, unnütz zu sein, vernachlässigt zu werden, und wir grollen der Welt, daß sie uns derart behandelt. Wenn solche Vorfälle sich mehrmals im Laufe eines Tages wiederholen, kann es wohl sein, daß wir plötzlich in Zorn geraten. Dieser ist dann etwas ganz anderes als die vorhergegangenen Zustände der Gereiztheit. Wir werden zornig, weil wir an der «bösen Welt» verzweifeln, die sich uns feindlich entgegenstellt. Zorn steigt gewöhnlich als ein Verzweiflungsakt auf. Wir sind aus der Fassung gebracht und fühlen uns moralisch herausgefordert von etwas, das wir als ungerecht, übel oder böse empfinden. Diese Art von Zorn kann sich steigern und zu einer Art von heiligem Zorn werden. Auf der anderen Seite kann er auch in tobende Rage und Wut ausarten. Doch hat der Zorn, wann immer er ausbricht, ein Element moralischer Entrüstung höchster Art in sich. Der Zorn hat in seiner Erscheinung etwas Edles. Von diesem singt Homer, wenn er sein großes Epos mit dem «Zorn des Achill» eröffnet.

Der Zorn ist eine große Kraft. Sie überkommt uns in gleicher Weise, wie Lachen und Weinen von uns Besitz ergreifen. Aus den Tiefen der Seele steigt er auf, bringt unsere Herzen zur Siedehitze, rührt alle Gefühle auf, und wir haben einen harten Kampf, um Herr der Situation zu bleiben. Wir können unsere Fäuste ballen, die Zähne zusammenbeißen, verzweifelt die Arme heben, sogar Papier zerreißen oder irgend etwas zerbrechen. Zorn wird einen Menschen nie dahin bringen, einen anderen anzugreifen. Wir können gegen ein Tier ausfällig werden, sogar ein Kind schlagen oder leblose Dinge zerstören. Aber der Zorn läßt uns nicht gegen einen Mitmenschen kämpfen – solange er nicht in Rage oder Wut übergeht.

Ärger ist etwas anderes; er ist fast keine Emotion; mehr eine Gereiztheit, ein gestörtes Gleichgewicht innerhalb der Gefühlssphäre. Ärger kann Anlaß zum Zorn werden, er kann auch Nachträglichkeit und Haß aufsteigen lassen, Verzagtheit oder Kummer. Ärger ist wie ein Same, der in verschiedener Form aufgehen kann, und nur eine davon ist der Zorn. Ärger ist, bildlich gesprochen, grau, er hat keine eigene Farbe – während der Zorn sehr deutlich gefärbt ist.

Titchener[29] weist auf die komplizierte Natur des Zornes. Er meint, Zorn enthalte «die Vorstellung der Persönlichkeit, über die man sich ärgert», sowohl wie «das Motiv der Vergeltung». Er beschreibt den Zustand in sehr dramatischer Art: «Es beginnt mit einem Gefühl des Unbehagens, schmerzlicher Überraschung oder verletztem Stolz; das aber macht bald Platz der Befriedigung des

[29] Zitiert bei McKellar: a. a. O.

Zornes selbst, dem angenehmen Gefühl der Vergeltung und der Befriedigung darüber, daß man stark genug ist, vergelten zu können.» Er sieht in der «Vergeltung» einen Teil der eigentlichen Emotion. Doch ist Zorn frei von Vergeltungsgefühlen; Zorn denkt nicht nach, stellt nicht vor, wünscht nicht zu verletzen. Wenn solches Verlangen auftaucht, ist es ein Teil jenes Gefühls, das als Resultat des Zornes auftauchen kann. Der zornige Mensch entwickelt Haß gegen den Sünder; das zornige Individuum kann erfüllt werden von Zerstörungslust, aber diese ist das Resultat des Hasses, nicht des Zornes.

Nachdem wir versuchten, den Zorn von ähnlichen Gefühlen und Emotionen zu unterscheiden, können wir nun fragen: Was ist Zorn? Was bringt er der menschlichen Seele? Rudolf Steiner sprach über die «Mission des Zornes» und beschrieb seine Aufgabe im Laufe der menschlichen Evolution. Er sagte: Zorn ist der «Vorbote von demjenigen, was einmal da sein wird. Erst urteilen wir aus unserem Zorn heraus über ein Ereignis der Außenwelt; dann werden wir, indem wir erst unbewußt lernen, nicht übereinzustimmen mit demjenigen, was nicht sein soll – unbewußt lernen durch den Zorn –, gerade durch dieses Urteilen immer reifer und reifer werden zum lichterfüllten Urteilen in der höheren Seele. So ist der Zorn auf gewissem Gebiete ein Erzieher des Menschen. Er ist da als ein inneres Erlebnis, bevor wir reif sind, ein lichterfülltes Urteil zu fällen über dasjenige, was nicht sein soll[30].»

Wenn wir diese Sätze lesen, denken wir sofort an Plessners Feststellung, «daß wir weinen und lachen in einer Situation, für die wir keine andere Antwort finden». Dasselbe gilt für das Aufsteigen des Zornes. Er ist da in dem Augenblick, in dem wir unfähig sind, eine Situation zu ändern oder einzugreifen in einen Vorfall, von dem wir den Eindruck haben, er sollte nicht sein. Zorn ist kein Zeichen von Macht und Kraft, sondern ein Ausdruck der Unfähigkeit. Meine Hilflosigkeit im Angesicht einer Ungerechtigkeit läßt Zorn aufsteigen. Er bricht aus meiner Seele wie ein flammendes Feuer, erfüllt mich mit Abscheu vor einem Ereignis oder einer Person oder auch einer Verweigerung. Nach einiger Zeit kühlt der Zorn ab, aber er läßt Reste von Haß und Kummer zurück, was beides sich in Vergebung wandeln kann.

Was ist dieser Zorn, der aufsteigt, mich überkommt und erfüllt? Ist er nicht wie ein Gewittersturm, der kommt und wieder vergeht? Ist nicht der Donner selbst gleich dem Zorn, und die zerstörende Kraft des Blitzes gleich der tobenden Wut? In der Landschaft unserer Seele sammeln sich Gereiztheit und Ärger wie Wolken vor dem Gewittersturm. Und wie ein Gewittersturm taucht der Zorn in uns auf, nimmt seinen Lauf und ebbt wieder ab.

So also spricht der Zorn ohne Worte. Er erscheint, spricht sein Urteil, klärt die Situation und läßt nach. Diese Emotion hat immer einen beschützenden

[30] Rudolf Steiner: «Metamorphosen des Seelenlebens». Vorträge aus den Jahren 1909 bis 1910, GA Bibl. Nr. 58.

Charakter, und nie ist unser Zorn größer, als wenn eines unserer Kinder verletzt oder angegriffen wird. Wir sind empört, wenn Sohn, Tochter oder Pflegebefohlener den Gehorsam verweigern. Wir werden zornig, wenn etwas zu uns Gehöriges von jemand anderem mißbraucht wird. Wo immer unsere Vaterschaft verletzt wird, steigt Zorn auf. Diese Emotion ist wie ein lebendiges Vaterbild in unserer Seele. Es ist eine Willenssaat, der Keimpunkt von einer Kraft, die sich plötzlich entfalten, unser ganzes Wesen mit Zorn durchdringen kann, um dann wieder abzusterben. Der Zorn kann in Rage oder Wut ausarten, wenn unsere bewußte Persönlichkeit nicht standhält und versäumt, die väterliche Stimme zu hören.

Dieses lebendige Vaterbild ist kein kraftloses Bild wie etwa Jungs Archetypen. Der Zorn ist eine Realität, eine Willenskraft, die ohne Worte spricht, dennoch aber mit starker Stimme. Wir hören diese Worte nicht, um so mehr aber fühlen wir sie. Wenn Zorn aufsteigt in unserer Seele, verschwinden alle anderen Eigenschaften vor seinem majestätischen Antlitz. Neigungen und Abneigungen, Gedanken und Gefühle entfliehen in die fernsten Winkel unseres Seelenlandes. Unser Ich steht einsam dem Zorn gegenüber. Es fühlt sich wie ein Kind, dessen Vater kommt, um es zu beschützen. Wir akzeptieren seinen Schutz, seine Hilfe, seine Kraft. Und deshalb erscheint uns Zeus und Jehova und Wotan unter dem Bilde göttlichen Zornes.

Die Phänomene von Furcht und Scham

So wie Zorn und Wut sind auch Furcht und Scham zwei deutlich unterscheidbare menschliche Grundemotionen. Wir alle kennen die Erlebnisse von Furcht so gut wie Scham. Sie unterscheiden sich von anderen emotionellen Erfahrungen und entwickeln ganz spezifische Eigenschaften, wenn sie aufsteigen. Den Unterschied zwischen Furcht und Angst haben wir schon erklärt und festgestellt, daß die Furcht immer an ein Objekt gebunden ist. Das ist der grundlegende Unterschied zwischen diesen beiden, weil die Angst auftritt, ohne auf ein bestimmtes Objekt der Außenwelt gerichtet zu sein; sie stellt mehr eine allgemeine Stimmung dar, eine generelle Emotion; Furcht ist eine spezielle Emotion; sie tritt in einer bestimmten Situation auf und verschwindet, sobald diese sich gewandelt hat.

Die Furcht macht uns erschaudern; wir zittern, der Schweiß bricht aus, die Zähne klappern, wenn sie uns erfaßt. Wir werden blaß, steif und voll Spannung. Da ist kein Drang, kein Vorsatz zu entfliehen, wir sind viel zu ängstlich, den Fleck Boden zu verlassen, auf dem wir stehen. Die Furcht hält uns so fest im Griff, daß wir unbeweglich bleiben. Sie ringelt sich um unser ganzes Wesen, als wollte sie uns Seele und Leib zermalmen.

Die Scham ist das umgekehrte Erlebnis. Anstatt starr und steif zu werden, haben wir das Gefühl, uns aufzulösen und wegzuschmelzen. Anstatt zu erblassen, erröten wir über das ganze Gesicht und den Hals, manchmal sogar bis zu den Schultern und dem oberen Teil der Brust. Gleichzeitig können wir in Schweiß ausbrechen, doch ist es ein warmer Schweiß, nicht der kalte der Furcht.

Furcht und Scham sind polar entgegengesetzte Phänomene. Dennoch gehören sie zusammen wie Tag und Nacht oder Licht und Finsternis. Durch Furcht schrumpfen wir zusammen; die Kapillargefäße der Haut ziehen sich zusammen und das Blut zieht sich von der Oberfläche des Körpers zurück. Die Scham dehnt uns aus; die Blutgefäße der Haut erweitern sich, das Blut drängt an die Oberfläche und die oberen Partien des Körpers. Es ist eine wohlbekannte Tatsache, daß bei manchen Völkern, besonders jenen, die gewöhnt sind, fast unbekleidet zu sein, das Erröten viel ausgedehnter auftritt. Es kann zuweilen sich über Arme und Brust, ja bis zur Taille erstrecken. Es sind Fälle bekannt, daß Menschen über den Bauch und die Hüften hin erröten[31]. Daraus kann man schließen, daß in primitiven Zeiten die Menschen über die ganze Oberfläche ihrer Haut erröteten. Im Zustand der Furcht entwickeln wir heute noch Blässe über den ganzen Körper.

Weder Furcht noch Scham können rational erklärt werden. Es gibt keine sichtbare und bekannte Ursache für das Aufsteigen dieser zwei höchst unbequemen und unerwünschten Zustände unseres inneren Lebens. Beide jedoch lassen uns etwas erfahren, was in unserem Alltagssein unbekannt ist. In der Furcht wie in der Scham stehen wir von Angesicht zu Angesicht mit einem Erlebnis, das plötzlich auftaucht. Etwas Unbestimmbares tut sich vor uns auf; es ist, als ob die Unergründlichkeit alles Lebens und Seins erschiene. Unsere Gedanken wirbeln herum wie aufgescheuchte Ameisen. Wir fühlen uns schuldig, wir denken an Leben und Sterben, an Gott und unsere Missetaten. Unser Gewissen zerrüttet unseren Verstand. Wir sind uns bewußt, daß ein anderer, völlig neuer Bereich unseres Seins sich eröffnet hat, aber wir werden davon abgehalten, einen klaren Einblick in diese neue Welt zu gewinnen. Eine Tür öffnet sich in einen Raum, der gewöhnlich verbotenes Land ist. Das geschieht so schnell, daß wir erschrecken und kaum wagen, an die Schwelle heranzutreten. Und gleich darauf ist die Tür wieder geschlossen.

Haensel sagt: «Die Furcht hat etwas Zerreißendes, Gegenkräfte treten in ihr zutage. Ihre Splitterwirkung steht im Kontrast zum Mut, der sammelt und konzentriert. Aristoteles hat dies bereits erkannt, sicherer als die meisten seiner Nachfolger, wenn er sie als ‹eine Gedrücktheit, eine Art Verwirrung› bezeichnet ... Der Fürchtende vergißt sich, er flüchtet nicht nur vor der Gefahr, sondern vor sich selber ... Sie (die Furcht) ist eine der gefühlsmäßigen Wurzeln der religiösen Vorstellungen. Der Mensch bringt seinem Gott Furcht entgegen. Wenn er es nicht tut, handelt er frivol, zieht den göttlichen Zorn auf sich, wo-

[31] Sir A. Mitchell: «About Dreaming, Laughing, and Blushing», Edinburgh and London 1905.

durch er dann das Fürchten lernt[32].» In dieser Darstellung ist das Erlebnis des «Unbekannten» eingeführt. Die Furcht erscheint als metaphysisches Ereignis; sie führt uns zu der Schwelle, die wir nicht überschreiten können. Die Furcht macht uns die Existenz dieser Schwelle bewußt, doch darüber hinaus zeigt sie uns nichts.

Alle diese Erwägungen lassen nun eine spezifische Frage aufkommen: Wann und unter welchen Umständen erscheint Furcht? Darüber sind viele Untersuchungen angestellt worden, und ich werde nur einige Resultate aufzählen: «Die Umstände, unter denen Furcht aufsteigt, sind, selbst in den Anfangsstadien, so mannigfaltig, daß man sie durch einfaches Analysieren der Eigenschaften des äußeren Anlasses nicht aufführen kann ... Es ist schwer, einen gemeinsamen psychologischen Grund oder eine Vielheit allgemeiner subjektiver oder innerer Faktoren zu finden, welche die verschiedenen Furchtanfälle hervorrufen ... Die ursprünglichsten Erscheinungen der Furcht wurden sicher durch alles, was neu, fremd, ungewohnt ist, hervorgerufen ... Abgesehen von unbekannten Personen, Dingen und Situationen, haben auch außergewöhnliche und ‹unheimliche› Gegenstände sowie manche Formen der Verstümmelung Furcht zur Folge gehabt[33].»

Aus diesen Ausführungen wird es ganz verständlich, daß das «Unbekannte» in Form von fremdartigen und ungewohnten Gegenständen die Furcht aufsteigen läßt. Anderseits ist wohl bekannt, daß manche Kinder und Erwachsene regelmäßig Furcht vor ganz bestimmten Dingen empfinden. Der Anblick eines Hundes oder einer Katze bringt manche Kinder in eine Raserei der Furcht. Einsamkeit, Trennung von geliebten Menschen, das Überqueren einer Brücke, eine verschlossene Tür, ein Gewitter: alles kann Furcht und Schreck auslösen. Diese von bestimmten Erscheinungen abhängige Furcht nennen wir «Phobien»; eine große Zahl von Menschen ist ihnen unterworfen, und meist liegen ihre Wurzeln in Schockerlebnissen der frühen oder späteren Kindheit.

Was ist dieses «Unbekannte», das so stark mit der Furcht zusammenhängt? Wir nannten Angst eine Todeserfahrung, eine Art Vorahnung der Todesangst; sie hebt uns über die Erde hinaus und läßt uns halbwegs in der Luft schweben. Die Furcht geht noch einen Schritt weiter. Es ist eine Voraussage des Todes selbst und dessen, was uns hinter dem Tor des Todes erwartet. Die Angst führt uns bis an das Tor heran; die Furcht öffnet das Tor und läßt uns in den Abgrund sehen, wo der Tod dem Leben begegnet. Die Ufer des Lethe-Flusses sind das Land der Furcht.

Und die Scham? Wo begegnen wir dieser sehr merkwürdigen und einzigartigen Emotion? Mitchell sagt: «Während wir erröten, sind wir, grob gesprochen, in einem Zustand der Verwirrung ... Eine Person, die errötet, hat das

[32] C. Haensel: «Das Wesen der Gefühle», Überlingen 1946, S. 162/63.
[33] Zitate aus A. T. Jersild: Emotional Development. Manuel of Child Psychology, edited by L. Carmichael, New York and London 1954.

Empfinden, daß ihr Wille überwältigt wird, sie ist sich einer gewissen Hilflosigkeit und Aufregung bewußt. Sie hat die Empfindung, daß ihr Blick unrettbar zu Boden gezogen wird, daß sie die Umstehenden weder anschauen kann noch erträgt, von ihnen angeschaut zu werden ... Das Stammeln und Stottern jener, die erröten, ist von mir oft aufgeführt und vielfach beobachtet worden ... Der Errötende scheint seinen Kopf vor Scham verstecken zu wollen. Wenigstens vermeidet er den Blick des Beobachters ...»

Es gibt ein gälisches Sprichwort, das von einem errötenden Mädchen sagt, «ihr Gesicht leuchtete auf vor Scham». Dieser Ausdruck ist sehr treffend, weil er auf das «innere Licht» hinweist, das wir in einem Menschen gewahren, der Scham empfindet. Wir fühlen, daß er von plötzlicher Demut ergriffen wird; er wird sich bewußt seiner demütigen Existenz. Es sind meist junge Leute, die erröten; je älter wir werden, je mehr wir erreicht, vollbracht und gelitten haben, um so weniger neigen wir zu dem Erlebnis der Scham.

Doch müssen wir unterscheiden zwischen einem Erröten vor Scham und einem mehr innerlichen Erleben des Beschämtseins. Beide Zustände sind intim miteinander verbunden, ungeachtet dessen aber verschieden, nicht nur in Stärke, sondern auch in ihrer Qualität. «Schamrot-werden» ist eine plötzliche, unwillkürliche Emotion, die den einzelnen überkommt. Das Erlebnis des «Beschämtseins» ist viel intimer, es spielt sich im Innersten unserer Seele ab, meist ohne jedes äußere Anzeichen. Dieser zweite Umstand des Sich-beschämt-Fühlens hat eine moralische Färbung; er ist einem Schuldgefühl verwandt; wir sind verletzt und überwältigt. Der Vorgang des Errötens aus Scham dagegen scheint nichts mit moralischer Einschätzung zu tun zu haben.

Das Wort «Scham» hängt mit dem deutschen Wort «Hemd», dem französischen «chemise» und dem englischen «shirt» zusammen. Alle diese Worte wurzeln in dem gotischen «ga-hamon», was «anziehen», «überdecken» bedeutet. Die Weisheit der Sprache enthüllt damit eines der Geheimnisse des Sich-Schämens. Wir bedecken unser Gesicht mit einem Erröten. Und warum bedecken wir uns?

Wir erinnern uns dabei, wie Adam und Eva, nachdem sie vom Baum der Erkenntnis gegessen, plötzlich gewahrten, daß «sie nackt waren», und sie bedeckten ihre Nacktheit mit Feigenblättern. Wir denken auch daran, wie die Söhne Noahs sich schämten, als sie ihren betrunkenen Vater nackt im Zelte liegen sahen. Merell Lynd sagt in ihrem sehr einsichtsvollen Essay: «Durch alle Zeit unserer westlichen Zivilisation war die Scham verknüpft mit dem Entblößen. Der deutsche Ausdruck ‹Scham› und ‹Schamgefühl› steht in Verbindung mit der entblößten Nacktheit, und ‹Scham› ist ein Teil jener Wortzusammenstellungen, die sich im besonderen auf die weiblichen Geschlechtsteile beziehen[34].»

Das «Entblößen» anderer Körperteile kann ebensogut das Schamgefühl aufsteigen lassen. Es braucht nicht unser eigener Körper zu sein, auch das Entblößen

[34] H. Merell Lynd: On Shame and the Search for Identity, London 1958.

der bedeckten Teile anderer Körper läßt manche Menschen erröten, weil plötzlich etwas zum Vorschein kommt, das verborgen bleiben sollte. Und Merell Lynd sagt ganz richtig, «daß man über die Zur-Schau-Stellung noch so kleiner Einzelzüge aus der eigenen Privatsphäre – sei es körperlich oder geistig – keine Scham empfinden könnte, wenn man nicht vorher schon in sich selbst mehr als Abneigung, nämlich Scham über diese Züge empfunden hätte». An anderer Stelle sagt die gleiche Autorin: «Die beschämende Situation tritt sehr häufig durch Überraschung ein. Doch wird man von der Scham überkommen, weil das ganze eigene Leben eine Vorbereitung für diese Situation war ... Ich schäme mich über das, was ich bin.»

In diesen Worten liegt der Schlüssel zum Verständnis der Scham: «Ich schäme mich über das, was ich bin!» In einer sehr einleuchtenden Darstellung bezeichnet Anders[35] die Scham als einen Vorfall, bei dem der Mensch mit einem höheren Richter konfrontiert wird, der ihm überlegen ist; dieses höhere Tribunal enthüllt ihm etwas, das er nicht sein möchte, was er dennoch unentrinnbar sein muß. Der Autor zählt beispielsweise einen Buckligen auf, der sich in der Öffentlichkeit schämt, gerade dieser eine zu sein, der einen Buckel hat. Er schämt sich, das zu sein, was er ist. Auch ihm war «das ganze Leben eine Vorbereitung», Scham zu empfinden.

Aber was läßt einen jungen Mann oder eine junge Frau plötzlich erröten? In ihnen spielt sich ein ähnliches Erleben ab. Auch sie sind beschämt über das, was sie sind. Freilich können wir fragen: worüber beschämt? Aus Scham erröten heißt, Angesicht zu Angesicht mit dem eigenen Selbst zu stehen. Eine plötzliche Erkenntnis der eigenen Menschheit und menschlichen Existenz tritt vor uns auf. Wir werden uns bewußt, daß wir nackt geboren sind und dieses Leben als arme und hilflose Sünder begonnen haben. Diese unmittelbare Erkenntnis lebt auf dem Hintergrund unseres Errötens.

Wie Adam und Eva ihre Nacktheit erkannten, entdeckten und erlebten, so werden wir «wissend» in bezug auf unsere Geburt, die uns in dieses Erdenleben hereingeführt hat. «Ich bin ein Geschöpf, das geboren und geschaffen wurde», lebt als verhülltes Wissen hinter jedem Schamerlebnis. So wie mein Kopf aus meiner Mutter Leib ins Freie gestoßen wurde und wie ich atmend die umgebende Luft einsog, als meine Lungen sich zum erstenmal ausdehnten –, so erröte ich und bedecke mein Gesicht in Scham. Jedes Erröten ist in den Tiefen meines Unbewußten eine Erinnerung an den einmaligen Augenblick der Geburt. Das Erröten läßt die Tragödie der Geburt aufs neue heraufholen, die Tragödie, nackt und sündhaft in die Welt geschickt zu sein.

Hätten wir nie vorher vom Sündenfall gehört, würden uns Furcht und Scham die Wirklichkeit dieses Ereignisses aufzeigen. In jedem von uns ist die plötzliche Erkenntnis von Adam und Eva dauernd anwesend. Geburt und Tod liegen in

[35] G. Anders: «Die Antiquiertheit des Menschen», München 1956.

den Tiefen unserer Seele verankert wie Schiffe im Hafen. Wenn Gefahr naht, steigt der Tod auf in Gestalt von Furcht. Wenn wir uns mit anderen menschlichen Wesen im Begegnen messen, steigt die Geburt auf in Form der Scham. Zwischen diesen beiden versuchen wir, unser Schiff hindurchzusteuern. Jeder Mensch steht zwischen diesen beiden Erlebnissen, die jeden Augenblick während unseres Erdenlebens bereit sind aufzusteigen.

Die drei Begleiter des Menschen: Furcht, Scham und Zorn

Im einleitenden Kapitel dieser Ausführungen kamen wir zu der Schlußfolgerung, daß die menschlichen Emotionen eine Sprache ohne Worte sind. Wenn wir in einer äußeren oder inneren Situation keine vernünftige Antwort durch unsere rationelle Überlegung finden, steigen Emotionen und Empfindungen auf. Sie geben die Antwort und reagieren anstelle von uns selbst. Unser Verstand zieht sich zurück, wenn er von einem Ereignis überwältigt wird, und an seiner Stelle sprechen die Emotionen. Doch – sind Emotionen, die so plötzlich auftauchen, nicht auch ein Teil unserer selbst? Oder können wir zwischen ihnen und unserem Selbst unterscheiden?

Die moderne Psychologie ist dazu übergegangen, besonders unter dem Einfluß von Freud, die verschiedenen Schichten der Persönlichkeit oder menschlichen Individualität zu unterscheiden. Freud und seine Nachfolger sprechen von dem «Ich», dem «Es» und dem «Über-Ich». Unter Ich verstehen sie «die dauerhafte oder sich wiederholende Kontinuität von Leib und Seele in Hinsicht auf Raum, Zeit und Kausalität». (Federn)[36] «Das Es ist das uranfängliche Reservoir der Energie . . . die von den zwei Urinstinkten von Leben und Tod herstammt. Es ist ganz unorganisiert und unterscheidet sich dadurch vom Ich, dessen Besonderheit die Formierung ist[37].» Das Über-Ich ist «ein hochbedeutsames Element der menschlichen Natur, ein Element jedoch, das in sich selbst weitgehend unbewußt ist»[38]. Das Über-Ich ist eine Art Richter, der unsere Handlungen und Gedanken fortgesetzt überwacht und beurteilt.

Die Einteilung in diese drei Schichten unserer Persönlichkeit hat etwas sehr Künstliches. Sie zeigt ganz einfach den Mangel an Einblick in das wahre Wesen des Menschen in der modernen Psychologie. Das Es hat überhaupt keine Verbindung mit dem Ich; es ist ein Teil unseres emotionellen Lebens; es beherbergt Triebe und Instinkte, die eine Kollektivsphäre für alle menschlichen Wesen bilden. Das Ich ist identisch mit dem Erleben unserer eigenen Persönlichkeit. Es ist das Resultat unserer Erinnerungen, unserer Gedanken und unserer Sinneswahrnehmungen. Das «Über-Ich» ist im Sinne von Freud vollständig irreal. Es

[36] Zitiert in H. Merell Lynd, a. a. O.
[37] Ernest Jones: Sigmund Freud, Vol. III, London 1957.
[38] J. C. Flugel: «A Hundred Years of Psychology», London 1945.

ist auf irgendeine Weise identisch mit unserem Gewissen, schließt aber unsere Ideale, unsere Eitelkeiten und unsere Illusionen mit ein; es ist ein völlig willkürlich gemischtes Gebräu.

Rudolf Steiner jedoch enthüllt die wahre Natur des Ich und des sogenannten Über-Ich. Er nennt das Ich das niedere, das Über-Ich das höhere Selbst. Wenn wir geboren werden, lassen wir das höhere Selbst auf der anderen Seite des Tores der Geburt und treten mit unserer Seele in das Erdenleben. Im Laufe der ersten Lebensjahre ergreifen wir allmählich Besitz von unserem Körper. In der Begegnung zwischen Seele und Körper entwickelt sich das niedere Selbst, es wächst mit dem wachsenden Körper und den von unserer Seele gemachten Erfahrungen heran. «Dieses Selbst», sagt Rudolf Steiner, «das der Mensch durch die physische und elementarische Welt trägt, ist eine Summe von Erlebnissen, die sich zusammensetzen aus den Eindrücken der physischen Welt und aus dem, was aus dem Denken, Fühlen und Wollen entspringt, welches die Seele entwickelt auf dem physischen Plan.» Das höhere Selbst auf der anderen Seite «inspiriert unser Schicksal». – «Das, was wir erleben, sei es an Schmerzlichem, sei es an Freudvollem, was in unserem Leben sich abspielt, es ist inspiriert aus der geistigen Welt herein von unserem anderen Selbst[39].»

Gemeint ist, daß unser höheres Selbst uns durch Freude und Kummer trägt, von einer Stufe des Schicksals zur nächsten, immer hereinwirkend von jenseits des Tores der Geburt. Das höhere Selbst ist wie ein höheres Wesen, das uns den Weg durch das Erdenleben zeigt. Zwischen Geburt und Tod sind wir getrennt von diesem höheren Selbst. Dieses jedoch kennt uns – während wir unsererseits nichts wissen von seiner Gegenwart. Nach dem Tode vereinigen wir uns wieder mit unserem höheren Selbst.

Jedoch in Furcht und Scham werden wir uns ganz entfernt dieses höheren Selbst bewußt. Wenn wir erröten, empfinden wir schamvoll unsere nackte Geburt und unser Gesicht «leuchtet auf». Wir bedecken unser Gesicht in Scham, dieses aber leuchtet auf, weil die Scham ein Tröster ist, der sagt: «Hinter deiner Nacktheit erscheint dein eigentliches Wesen, dein höheres Selbst.» In der Scham blicken wir zurück zu dem Tor der *Geburt*.

In der Furcht, wenn wir kalt und steif werden, blicken wir vorwärts zu dem Tor des *Todes*. Plötzlich wird uns der vergängliche Zustand unseres Erdendaseins bewußt. Die Furcht erinnert uns an den Tod, aber auch an die endgültige Wiedervereinigung mit dem höheren Selbst. Wir alle erinnern uns, wie wir als Kinder gern Gänsehaut bekamen, weil mit der Furcht etwas wie eine sonderbare Befriedigung verknüpft ist. Dann erlebten wir die andere Seite der Furcht; sie spricht von unserem Ende und sagt uns, daß es ein neuer Anfang sein wird, weil unser höheres Selbst uns wieder liebevoll empfangen wird.

Scham und Furcht sind die zwei Führer unseres niederen Selbst, sie halten

[39] Rudolf Steiner: «Die Geheimnisse der Schwelle». 6. Vortrag, 29. August 1913, GA Bibl. Nr. 147.

dieses in dauernder Verbindung mit seinem höheren Wesen. Scham und Furcht sind wie Grenzen unseres Verstandes und Bewußtseins. Sobald ein Vorfall oder Schock unser tägliches Leben in Unordnung bringt, erscheinen Furcht wie Scham, sprechen ihre mahnende Sprache, warnen uns und ziehen sich wieder zurück. Diese zwei freundlichen Wesen begleiten unser niederes Selbst, bis es genug Kraft errungen hat, ohne sie auszukommen: einer Gefahr zu begegnen ohne Todesfurcht und sich selbst zu erkennen, ohne zu erröten.

Wir können nun beide, Furcht und Scham, als zwei Verwandte des Zornes ansprechen. In gleicher Art wie der Zorn auftaucht, wenn wir noch nicht fähig sind, eine Situation nach ihrem moralischen Wert einzuschätzen, so erscheinen Furcht und Scham, um an unserer Statt zu sprechen, wenn Ereignisse eintreten, denen wir nicht gewachsen sind. Furcht, Scham und Zorn sind unsere wohlwollenden Begleiter. Uns voraus schreitet der Zorn und leitet unsere moralischen Urteile. Zur Rechten geht die Furcht, zur Linken die Scham. Sie erscheinen nur, wenn wir sie brauchen. Sie sind die treuen Diener unseres höheren Selbst; sie bieten ihre Hilfe, solange das niedere Selbst diese braucht.

Unser Unbewußtes beherbergt diese drei Begleiter; sie warten im Schatten unserer Seelentiefen. Die Tiefe selbst ist angefüllt mit Angst. Wir können uns nun unsere Individualität vorstellen, das niedere Selbst, geführt vom Zorn, gehalten von Furcht und Scham, und wandernd auf dem Boden der Angst. Dieses sind die vier großen Emotionen, die jeden von uns durch das ganze Erdenleben begleiten.

Drei weitere Kräfte der menschlichen Seele sind nun beschrieben worden. Sie sind die drei Beschützer und Helfer des niederen Selbst auf seinem Weg von Geburt zum Tode. Alle drei, zusammen mit ihrer großen und mächtigen Schwester, der Angst, haben ihren Ursprung im Sündenfall.

Da Adam und Eva von der Frucht des Erkenntnisbaumes gegessen hatten, begannen sie sich ihrer Nacktheit bewußt zu werden. In diesem Augenblick der Scham erschien ihnen die Wirklichkeit des Todes, und Furcht nahm von ihrem Wesen Besitz. Die Tragödie von Geburt und Tod wurde wirklich.

Aber Gott in seiner Barmherzigkeit gab den zwei Sündern eine Krume seines Zornes; seither sind beide mit der Gabe des Zorns belehnt worden.

Als Adam und Eva das Paradies verließen, wurden sie von Furcht und Scham begleitet, und der Zorn schritt vor ihnen einher. Das Wort des Engels klang in ihren Herzen: «Ich will euch beide mählich zurückrufen.» Die Kinder Adams und Evas haben es gelernt zu verstehen, daß das Paradies ihnen wieder offen sein wird, wenn ihre Seelen verwandelt sein werden: Wenn Zorn sich in Liebe verwandelt haben wird, Scham in Hoffnung, und wenn Furcht in Glauben metamorphosiert sein wird. Bilder steigen nun auf; die Seele spricht zu sich selbst, sie nennt sich selbst, sie beginnt ihr Wesen zu beschreiben. Die Seele umschließt das ganze Werden des Menschen.

V. Die seelischen Stimmungen

Emotionen sind die Begleiter des menschlichen Selbst. Wir beherbergen sie in den unbewußten Tiefen unserer Seele, und sie tauchen auf in Augenblicken von Drang und Not. Sie ziehen sich wieder zurück, sobald ein gewisser Gleichgewichtszustand erreicht ist und unser Selbst die Situation meistern kann.

Emotionen sind von schneller und vorübergehender Art. Sie erscheinen plötzlich, erreichen in wenigen Augenblicken ihre volle Kraft und schwinden in kurzer Zeit wieder dahin. Von Furcht, Zorn, Scham oder Angst gepackt zu werden, gleicht einem Überfall oder einer Besitznahme. Wir sind plötzlich von dem Ausbruch einer dieser großen Emotionen erfaßt, und unser ganzes Wesen erliegt ihrem mächtigen Angriff. Angst kann längere Zeit anhalten, aber Furcht, Scham und Zorn verschwinden gewöhnlich sehr schnell. Sie sind wie Wolkenbrüche und Gewitterstürme in ihrem Kommen und Gehen.

Außer von diesen wichtigen Emotionen ist die Seele dauernd von einer Reihe weniger deutlicher Gefühle durchdrungen. Den Zustand des Gereiztseins und Ärgers, der einem Zornanfall vorausgehen kann, haben wir schon beschrieben. Wir können uns auch während einer Reihe von Tagen in einem von Furcht oder Angst erregten Zustand befinden oder vorübergehend ärgerlich oder schlecht gelaunt sein. Diese weniger starken Emotionen und Empfindungen sind *die Stimmungen der Seele*. Sie können beträchtliche Zeit andauern und die Grundhaltung unseres Alltagslebens bestimmen.

Stimmungen können plötzlich aufsteigen und bleiben gewöhnlich durch viele Stunden oder Tage. Ein äußerer Eindruck kann unsere Stimmung plötzlich verändern. Eine schöne Landschaft, Musik, Gesang oder ein freundliches Wort können Helfer sein, unsere depressive Stimmung zu überwinden. Anderseits kann eine fröhliche Stimmung plötzlich in einen Ausbruch von Melancholie verwandelt werden, etwa durch eine traurige Melodie oder ein tragisches Ereignis in unserer Umgebung.

Stimmungen sind «seelische Zustände», die weit weniger schnell kommen und vergehen als Emotionen. Stimmungen sind auch weniger kraftvoll; sie sind eine Art von Unterton, der unsere Seele beeinflußt, eine Disposition, die alles färbt, was wir tun und leiden, uns aber nicht in der Art überwältigt wie die Emotionen.

Goodenough sagt: «Eine Stimmung ist keine Emotion, aber eine Art von Bereitschaft, eine Ausrichtung zu irgendeiner besonderen Gattung emotioneller Reaktion[40].» Und McKellar glaubt, daß «Stimmungen wirksame Zustände sind von ausgesprochen geringer Intensität und längerer Dauer als Emotionen»[41].

Es ist sehr wichtig, den Unterschied zwischen Stimmung und Emotion zu verstehen, da wir sonst die Stimmung nicht als «seelischen Zustand» einschätzen

[40] F. L. Goodenough: «Developmental Psychology», New York 1945.
[41] Peter McKellar: «A Textbook of Human Psychology», London 1952.

könnten. Emotionen sind *plötzliche* Ausbrüche; Stimmungen sind von *Dauer* und unsere Seele ist immer in einer besonderen Stimmung. Diese affektive Disposition gibt der Seele ihre ganz besondere und persönliche Note.

Im Englischen heißt Stimmung «mood», und dieses Wort stammt von dem altenglischen «mod», das «mind» oder «heart» bedeutet, und dem deutschen Wort «Mut» entspricht, das seiner ursprünglichen Bedeutung nach ebenfalls auf «Herz» oder «Seele» deutet. Heute hat dieses Wort «Mut» in seiner Bedeutung gewechselt und bezeichnet Tapferkeit, Courage, während das englische Wort «mood» im Deutschen «Stimmung» heißt. Gerade dieses Wort hilft uns, das, was es ausdrückt, neu zu verstehen. Stimmung kommt von dem Verbum stimmen. Wir stimmen ein Instrument, wir stimmen eine Saite höher oder tiefer. Und wir sprechen von der «Stimmung» eines Instrumentes.

Wir beginnen zu verstehen, daß unsere Stimmung jener Zustand unserer Seele ist, der sich mit der Stimmung eines Saiteninstrumentes vergleichen läßt. Die Seele ist hoch oder tief gestimmt, je nachdem sie eingestellt ist. Wir können in einer angriffslustigen Stimmung sein, in einer gespannten oder hochgepeitschten; oder einer gedrückten, wenn die Saiten unserer Seele schlaff sind, unfähig, eine Melodie hervorzubringen.

Somit ist Stimmung ein allgemeiner Grundton unserer Seele, kein spezielles Element und keine neue, besondere Gefühlseigenschaft. Es ist vielmehr das innere Erlebnis eines Zustandes, den wir so leicht an anderen Menschen äußerlich wahrnehmen. Gewöhnlich fühlen wir auf Anhieb, ob jemand schlechter oder guter Stimmung ist. Wir «fühlen» es, weil unsere Seele in der Stimmung des anderen mitklingt. Wenn wir selbst froh gestimmt sind und jemand kommt in schlechter Stimmung zur Tür herein, fühlen wir sofort die Disharmonie und werden gereizt. Diese Gereiztheit kann in Ärger oder sogar in Zorn übergehen.

Wenn umgekehrt ein Freund in fröhlicher Stimmung uns besucht, während wir selbst uns depressiv und unwohl fühlen, tritt eine ähnliche Disharmonie ein. Unser Freund kann vielleicht unseren Zustand ändern, indem er versucht, die dunklen Wolken um uns zu zerstreuen. Aber es kann auch das Entgegengesetzte eintreten: daß er uns in tiefe und anhaltende Verzweiflung stürzt.

Diese wenigen Beispiele sind Alltagserfahrungen, die uns den *wechselnden Charakter unserer Stimmungen* enthüllen und den *großen Einfluß*, den die Stimmungen der anderen auf unsere eigene ausüben. Wir reagieren dauernd auf diesen subtilen Einfluß, genau wie wir selbst die Menschen um uns durch die eigene Stimmung beeinflussen. Unser Alltagsleben wird von den Wogen schlechter und guter Stimmungen durchzogen. Wir alle können uns an gesellige Zusammenkünfte erinnern, wo jedermann guter Laune war, sich glücklich und über sich selbst hinausgehoben fühlte. Aber auch andere Ereignisse können wir zurückrufen, wo eine ganze Hörerschaft oder Versammlung schlechter Stimmung war und ein einziges Wort genügte, um einen Temperamentausbruch oder aggressives Schreien hervorzurufen.

Wir erkennen dadurch, daß die Stimmung nicht nur ein persönliches Erlebnis ist, das sich innerhalb der Grenzen unserer Seele abspielt. Es ist ein allgemeiner Zustand wechselseitiger Beziehungen und ist dadurch von großem Gewicht sowohl im Familienleben wie in größerer Gemeinschaft. An einem «miesen» Tag kann die Familie in tiefe Depressionen geraten, und zwischen den einzelnen Familienmitgliedern entsteht eine gefährliche Spannung. Doch am folgenden Tag kann alles wieder anders aussehen und die Sonne aufs neue scheinen. Ein schlecht gelaunter Vater kann die heiterste Atmosphäre stören – und nach einer guten Mahlzeit wieder herstellen. Die Schwingungen des Lebens steigen auf und ab wie Licht und Finsternis.

Es wäre grundlegend falsch, anzunehmen, daß Fröhlichkeit oder Traurigkeit bereits im Spektrum der Stimmungen zu finden seien; das ist keineswegs der Fall. Eine gute Stimmung kann zur Fröhlichkeit führen und eine schlechte kann Traurigkeit oder Kummer aufsteigen lassen. Die Stimmung als solche bildet nur die *Unterlage*, auf welcher diese zwei Seeleneigenschaften zur Erscheinung kommen können.

Wir müssen auch eine klare Unterscheidung machen zwischen Stimmung und Temperament. Melancholisch oder phlegmatisch, cholerisch oder sanguinisch sein bedeutet etwas ganz anderes als eine Stimmung haben. Das Temperament ist eine angeborene Disposition, die der Mensch durchs ganze Leben hindurch behält. Wir könnten das Temperament als die dispositionelle Stimmung des Individuums bezeichnen. Es ist die Art der Reaktion und Empfindlichkeit eines Menschen gegenüber der Welt. Das Temperament ist angeboren und kann kaum verändert werden. Wir können lernen, es zu beherrschen, aber in seinen Grundzügen bleibt es lebenslang das gleiche.

Somit haben wir zu unterscheiden zwischen drei verschiedenen Formen seelischer Eigenschaften, die untereinander zutiefst verbunden sind: Die schnelllebigen Emotionen – die langsam wechselnden Stimmungen – die fortdauernden Temperamente.

Jede einzelne der drei Eigenschaften hat besondere Merkmale und Eigentümlichkeiten, und wir werden versuchen, ihre Unterschiede wie ihre Ähnlichkeiten aufzuzeigen.

Emotion, Temperament und Stimmung

Die Wissenschaft der vier menschlichen Temperamente entstand in Griechenland. Es war besonders Hippokrates, der bis in Einzelheiten das melancholische, phlegmatische, sanguinische und cholerische Temperament beschrieb. Dieser große Arzt, der Begründer der wissenschaftlichen Medizin, entwickelte seine Theorie auf der Idee von «Krasis und Dyskrasis», der harmonischen und disharmonischen Mischung der vier Säfte des menschlichen Leibes. Nach ihm stehen diese vier Säfte – Humoralia –, in denen er vier verschiedene Flüssigkeiten sah, in enger Verbindung zu den Temperamenten. Zu viel «schwarze

Galle» verursacht das melancholische Temperament. Übermäßige Produktion von «gelber Galle» macht einen Menschen sanguinisch. Das «Phlegma» – eine Art Lymphe – hat Verwandtschaft zu dem phlegmatischen, und das Blut, der vierte Saft, schafft das cholerische Temperament.

«Der Leib des Menschen», sagt Hippokrates, «enthält Blut, Phlegma, gelbe und schwarze Galle; diese bilden die Natur des Leibes, und durch diese fühlt er Schmerz oder erfreut sich der Gesundheit. Der vollkommensten Gesundheit erfreut er sich, wenn diese Elemente in richtigem Verhältnis zueinander stehen – was Wirksamkeit und Menge betrifft –, und wenn sie vorzüglich gemischt sind[42].»

Durch mehr als 2000 Jahre blieb die Anschauung der Viersäftemischung die Grundlage für das medizinische Denken. Im Laufe des letzten Jahrhunderts wurde sie allmählich durch die moderne Anschauung der Zellularpathologie und Biochemie verdrängt.

Hand in Hand damit ging auch die Idee der vier Temperamente verloren. Die moderne Psychologie ist – soweit sie überhaupt noch die menschliche Seite berücksichtigt – gerade noch willens, die Tatsache der vier Temperamente zu erwähnen. In den meisten Lehrbüchern jedoch findet sich nichts mehr über diese «antiquierte» Anschauung. Erst in jüngster Zeit versuchen deutsche Psychologen, die alte Lehre zu erneuern. Gruhle[43] schreibt z. B.: «Temperament, so hat man wohl auch gesagt, ist das Zwischenreich zwischen Körper und Seele, ist das Körperliche, soweit es sich vom Seelischen gesteuert zeigt, oder ist das Seelische, sofern es sich im Körperlichen ausspricht.» Das Letztere ist nicht so sehr in unseren Gesten, als in der ganzen Ausdrucksweise unserer Bewegungen zu sehen. «Ob jemand im Gang, bei der Arbeit, im Sport, beim Sprechen ein langsames oder schnelles Tempo hat, rasch oder bedächtig reagiert, laut oder leise, viel oder wenig spricht ... diese und manche andere Weisen seines äußeren Verhaltens lassen sich in der Tat sonst kaum unter einer anderen zusammenfassenden Kategorie unterbringen.»

Damit weist Gruhle darauf hin, daß wir die Idee der Temperamente brauchen, um gewisse deutliche Wesenszüge menschlichen Verhaltens zu erklären. Er zitiert die Ansicht Kerschensteiners, der das Temperament «den biologischen Charakter oder die biologische Individualität» des Menschen nennt.

Solche Zitate zeigen ganz deutlich, daß die Temperamente intim mit dem menschlichen *Körper* verknüpft sind. Der Zustand unserer körperlichen Verfassung hat einen entsprechenden Einfluß auf die Art unseres Temperaments. Aber es wäre unrichtig, daraus zu schließen, daß unser Blutkreislauf oder unsere Gallenproduktion Ursache eines cholerischen oder sanguinischen Temperaments sind.

[42] Zitiert nach A. Castiglioni: «A History of Medicine», New York 1946.
[43] H. W. Gruhle: «Verstehende Psychologie», Stuttgart 1956.

Eine reale Anschauung der vier Temperamente läßt sich nur gewinnen, wenn wir ihr Wirken sowohl im Bereich der Seele wie des Körpers betrachten. Das Temperament beeinflußt unsere geistigen wie physischen Eigenschaften. Es verursacht die Verschiedenheit in unseren Reaktionen, unserer Reizbarkeit, unserer Ausdauer. Es kann die Reaktionen eines Menschen auf seine Umgebung modifizieren und bestimmen. Die vier Temperamente sind das Gerüst unserer Gewohnheiten und unseres Verhaltens.

Rudolf Steiner legte großen Wert auf die Lehre der vier Temperamente. Er sagte einmal: «Das eigentliche Rätsel der menschlichen Wesenheit spricht sich im Temperament aus; es ist der Schlüssel zu seinem Wesen[44].» Er zeigt, wie das Temperament das Gleichgewicht im Menschen hält «zwischen seinen ererbten Eigenschaften und jenen Fähigkeiten, die in seinem eigentlichen Wesen sind». Rudolf Steiner erklärt, wie das Temperament zwischen dem zeitlichen und ewigen Teil des Menschenwesens steht. Die Beziehung zwischen seinem höheren und niederen Selbst wird im Temperament ausgedrückt – insofern, als das niedere Selbst mehr seine biologische Natur und das höhere Selbst seine geistigen und seelischen Fähigkeiten offenbart.

Die Realität der Temperamente kann nicht verstanden werden, ohne daß man ihre Beziehung zur Zeit ins Auge faßt. Sie sind in Zeitenlauf und Zeitenrhythmus fundamental verankert. Das Tempo in der Musik ist das Temperament im Menschen. Eine Melodie kann ganz verschieden klingen, je nachdem ihr Rhythmus beschleunigt oder verlangsamt wird. Ihr Eindruck wechselt mit dem Tempo. Die gleiche Tonfolge wird, wenn in verschiedenem Tempo und Rhythmus gespielt, ganz verschiedene Reaktionen auslösen.

Wir können daher sagen, daß Tempo und Rhythmus im Ablauf unserer seelischen Eigenschaften sowohl wie unserer biologischen Konstitution von dem angeborenen Temperament unserer Persönlichkeit bestimmt werden. Dieser Ablauf ist nicht identisch mit unserer Konstitution, noch auch ist das Temperament eine Eigenschaft unserer Seele. Es handelt sich um den angeborenen Takt und Rhythmus unseres Wesens.

Verschieden vom Temperament sind die Stimmungen der Seele. Diese sind in keinem Fall eine konstante und unveränderliche Komponente unseres Verhaltens. Stimmungen kommen und gehen in verhältnismäßig langsamem Ablauf; sie steigen auf und verschwinden wieder.

Das Temperament gibt jeder Individualität die *persönliche* Note. Es hat in Form und Funktion eine ganz spezielle Eigenart. Die verschiedenen Stimmungen dagegen sind in verschiedenen Menschen ziemlich *ähnlich*. Wir alle machen dieselben Erfahrungen und verursachen die gleichen Eindrücke auf unsere Umgebung, wenn wir guter oder schlechter Stimmung sind. Ob Fürst oder Bauer,

[44] Rudolf Steiner: «Die vier Temperamente», Vortrag, gehalten in München am 9. 1. 1909.

Lehrer oder Schüler, Herr oder Diener: wir erdulden oder erfreuen uns der gleichen Stimmungen. Eine wohlerzogene Person wird ihre schlechte Laune besser verbergen oder ihrer Fröhlichkeit weniger Lauf lassen wie eine unerzogene; aber die Stimmungen und Gefühle an sich sind die gleichen.

Gelegentlich neigen wir dazu, den Unterschied zwischen Stimmung und Temperament zu vergessen. Wir nehmen vielleicht eine schlechte Laune als Ausdruck melancholischen Temperaments, doch sind beide Seeleneigenschaften grundlegend verschieden. Eine melancholische Person muß nicht in schlechter Stimmung sein. Sie ist introvertiert, finster und eigenbrötlerisch. Wir würden ihr unrecht tun, wenn wir ihr Verhalten als Ausfluß einer Stimmung ansprächen.

Schlechte Laune kann das Tempo unserer Bewegungen verändern und damit den Rhythmus unseres Temperaments beeinflussen. Aber die Stimmung selbst ist nicht identisch mit unserem Rhythmus, sie kann lediglich das Tempo unserer Gesten oder die Schnelligkeit unseres Schrittes modifizieren. Wir bewegen uns eher langsam in einem dunklen Raum und beschleunigen unsere Schritte, wenn das Licht angedreht wird. Die Stimmung ist eine Angelegenheit von Licht und Finsternis. Schlechte Stimmung ist wie ein Nebel, der sich über der Seelenlandschaft erhebt. Sie ist auch wie eine Wolke. Gute Stimmung ist wie Sonnenlicht, das die Atmosphäre durchdringt. Stimmungen kommen wie die Morgenröte und die Abenddämmerung und befeuern oder bedrücken unsere Lebens- und Seelenkräfte.

Das äußere Licht ist wie die Freude im Innern; die Dunkelheit draußen ist die Depression im Innern. Zwischen Freude und Schmerz, Fröhlichkeit und Depression bewegt sich die Skala oder das Spektrum unserer Stimmungen. Da gibt es kein Tempo und keinen Rhythmus wie bei den Temperamenten. Der Raum, der von Licht oder Dunkelheit erfüllt ist, wird zum Abbild unserer Stimmung; jede Landschaft senkt ihre Stimmung in unsere Seele, und wir unsererseits übertragen unsere innere Stimmung auf die Umgebung. Die Stimmung ist mit unserem Seelenraum verbunden und mit der Welt, die uns umgibt.

Es steht außer Frage, daß unsere Stimmung zutiefst mit unserer physischen Konstitution verbunden ist. Nicht jede Krankheit, aber gewisse körperliche Störungen sind die Ursache, daß wir uns sehr unwohl und niedergedrückt fühlen. Eine Magenverstimmung, ein heftiges Kopfweh, ein dumpfer Schmerz erzeugen depressive Stimmung. Wir unterliegen dem physischen Unbehagen und sind nicht mehr in Harmonie mit uns selbst.

Wenn wir dagegen eine Weile gesund und frisch sind, vielleicht nach einigen erholsamen und sonnigen Tagen, fühlen wir uns in Einklang mit uns selbst und unserem Körper. Das innere Licht unseres Ich durchdringt den Körper mit Kraft und fühlt sich in völliger Übereinstimmung mit ihm. Solcher Zustand ist reine Freude, wenn die Sonne des Ich durch eine wolkenlose Seele leuchtet und die Hügel und Felder unseres Körpers bescheint.

Doch steht es ebenfalls außer Frage, daß Stimmungen auch durch seelische

Leiden herbeigeführt werden. Ein ärgerlicher Wortwechsel, eine unangebrachte Bemerkung über jemanden, den wir gern haben, kann schnell unseren inneren Horizont bewölken. Ob wir uns gut oder schlecht fühlen: es wird eine gute oder schlechte Stimmung schaffen. Es ist sogar möglich, daß die andauernde Feindseligkeit irgendwelcher Personen, die uns nicht leiden können, die Veranlassung ist, daß wir krank werden. Viele Krankheiten sind die Folge solcher Beleidigungen. Dann zieht sich das Ich zurück oder es starrt auf den fortdauernden Angriff und findet keinen Ausweg aus dem Gestrüpp des üblen Wollens. Ein solcher Mensch kann in seiner eigenen düsteren Stimmung untergehen und die Gesundheit seines Körpers untergraben. Unsere Organe und Gewebe brauchen das Licht unseres Selbst wie die Natur das Licht der Sonne braucht. Beide werden krank und elend, wenn das Licht nicht scheint. Die Sonne und das Selbst sind einander gleich. Beide herrschen über das Reich der Stimmungen – im Inneren und im Äußeren.

Licht und Finsternis geben unserer Seele Spannung und Tönung. Ähnlich den Muskeln, die sich nur bewegen können, wenn ein gewisses Maß von Spannung sie wach hält, so wird auch unsere Seele sich nicht bewegen ohne Ton und Spannung. Das Licht des Ich gibt der Seele Mut. Der Verlust dieses Lichtes läßt den Nebel des Unbewußten aufsteigen, und der Ton wird dumpf; Gleichgültigkeit und Apathie sind die Folgen.

Emotionen erscheinen plötzlich und vergehen sehr schnell. Sie kommen und gehen wie Helfer, Warner und Beschützer; sie sind unserem Selbst ebenbürtig. Sie erfüllen den Raum unserer Seele in solchem Maß, daß unser Ich nur wenig Platz für sich selbst hat; es ist fast vertrieben während der Zeit, da ein emotioneller Zustand uns ergriffen hat.

Irgendwie erfahren wir von unserem Zorn, unserer Furcht, unserer Scham und Angst. Aber wir sind sozusagen hilflos, weil jede einzelne Emotion uns in ihrem Griff hat wie das Tier seine Beute. Die Emotion rüttelt an uns und läßt uns erschöpft und müde zurück, sobald sie verschwindet. Nach einem Anfall von Zorn oder Furcht brauchen wir einige Zeit, um uns zu erholen und wieder zu sammeln.

Emotionen können nicht mit Stimmungen oder Temperamenten verglichen werden; sie sind ganz verschiedener Art, denn sie sind Eigenschaften an sich – nicht Zustände oder Dispositionen wie Stimmungen und Temperamente. Es ist ein fundamentaler Irrtum der modernen Psychologie, alle Arten von Emotionen, Leidenschaften, Stimmungen und Gefühlen in einen großen Topf zu werfen, den man «Affekt-Verhalten» oder «Emotionen» nennt. Manche Psychologen verneinen sogar, daß es überhaupt Emotionen und Gefühle gibt[45].

Nötig ist ferner, aufs neue zwischen den verschiedenen Bereichen der mensch-

[45] Siehe das sehr informative Buch von James Hillman: «Emotion, a comprehensive Phenomenology of Theories and their Meaning for Theraphy», London 1960.

lichen Seele zu unterscheiden. Es ist ein weites Gebiet, und wir sollten uns immer an das Wort des *Heraklit* erinnern: «Der Seele Grenzen kannst du nimmer ergründen, und wenn du auch alle Straßen abliefest, so umfassend ist der Seele Wesen.»

Der Mechanismus der verschiedenen Stimmungen

Wir haben eben den Versuch gemacht, den besonderen Charakter unserer Stimmungen zu verstehen und fanden, daß ihr Spektrum sich von der Freude bis zur Verzweiflung erstreckt, was wir mit innerem Licht und äußerer Finsternis verglichen. Jetzt haben wir eine weitere Frage zu stellen: Aus welcher Seelenregion stammen Licht und Finsternis? Gibt es besondere Bereiche im Land der Seele, die Stimmungen aufsteigen und vergehen lassen?

Wir erinnern uns der Ausführungen in den ersten Kapiteln. Es wurde da zwischen dem Reich von *«mind»* und der Sphäre des *Unbewußten* unterschieden. Beide wurden als die zwei Pole der Seele dargestellt: ein oberer und ein unterer. Wir fanden, daß zwischen diesen zweien die Region unserer Gefühle herrscht. Stammen die Stimmungen aus einem dieser drei Seelenbereiche?

Wir erwähnten bereits, daß Stimmungen an sich keine Entitäten darstellen. Sie bedeuten die Reaktion der Seele auf viele verschiedene Einflüsse, die den gleichmäßigen Ton unseres Innenlebens stören. Solche Einflüsse senken oder heben die Waagschalen unseres Seelenlebens. Wenn sie eintreten, ist die Balance zwischen Verstand und Unbewußtem gestört, und die Seele reagiert darauf, indem sie die übliche Spannung verändert. Woher kommen diese Störungen? Von innen sowohl wie von außen. Sinneseindrücke, Erinnerungen, neue Ideen, subtile Einflüsse durch andere Menschen und vieles andere kann am Werke sein. Unsere Seele ist wie ein äußerst empfindlicher Apparat, der alle diese verschiedenen Eindrücke registriert.

Intime Selbstbeobachtung kann uns einen hochwichtigen Einblick in den Mechanismus der Stimmungen verschaffen. Wenn wir eines Morgens besonders übellaunig sind und versuchen, die Ursache unseres Mißbehagens zu entdecken, finden wir plötzlich, daß unser Kopf dumpf ist und schmerzt. Sobald wir diese Entdeckung gemacht haben, kann unsere Stimmung sich bessern und einer inneren Ruhe Platz machen, ungeachtet des fortdauernden Kopfwehs. Unsere frühere Stimmung stieg auf, weil unser Verstand und unser Bewußtsein den störenden Einfluß nicht registriert hatten: den Schmerz und die Dumpfheit in unserem Kopf.

Bei jedem Aufkommen schlechter Stimmung werden wir die gleiche Reihenfolge finden. Etwas ist in den Seelenbereich eingetreten und hat die Region unseres «mind» überschwemmt, ohne daß wir den Eindringling bewußt wahrgenommen haben. Wir fühlen uns unwohl, verstört, gereizt, kennen aber die Ursache nicht. Wir erleben die Gereiztheit und das Bedrücktsein und nennen es eine schlechte Stimmung, entdecken aber nicht, woher alles kommt. Es ist wie eine dunkle Wolke auf dem sonst hellen Himmel unseres Bewußtseins.

Viele derartige Wolken sammeln sich im Laufe eines einzigen Tages an, weil von allen Seiten Eindrücke auf unsere Seele wirken. Manchmal lösen sich diese Wolken so schnell auf, wie sie entstanden sind. Wenn wir über eine Straße gehen oder fahren, werden Tausende von Eindrücken absorbiert, ohne daß wir sie registrieren. Viele von ihnen vergehen; andere sinken in unser Unbewußtes, und nur wenige werden zu Erinnerungen. Keiner von ihnen läßt irgendeine Stimmung aufsteigen.

Wenn aber ein Erlebnis von Gewicht in unser Unbewußtes hinuntergedrückt wird – sei es aus welchem Grund immer –, werden wir sofort bedrückt und sind schlechter Laune. Ähnlich verstört und bedrückt sind wir, wenn uns ein Name oder eine Begebenheit nicht einfällt. Wie bedrückend ist es, den Namen eines Freundes vergessen zu haben oder den Titel eines Buches, das wir gerade lasen!

Diese wenigen Beispiele machen deutlich, daß schlechte Stimmung, innere Spannung und Irritation oft das Resultat unserer Unfähigkeit sind, etwas ins Bewußtsein zu heben, was in den Seelentiefen rumort. Es ist dies einer der Hauptgründe für die Entstehung von Stimmungen.

Freilich gibt es noch die andere Seite der Stimmungen: wenn wir uns glücklich, froh und freudig fühlen. Es ist der entgegengesetzte Zustand der schlechten Laune. Das Gefühl zu haben, hochgestimmt zu sein, bedeutet, daß wir die ganze Welt mit dem Bewußtsein umfassen. Unsere Glieder gehorchen uns, wir fühlen uns stark genug, jedem Hindernis zu begegnen. Wir sehen und hören und bewegen uns in voller Herrschaft über unseren Körper und im Besitz unseres Geistes; wir haben die Welt in unserem Griff. In solchem Zustand sind wir wach genug, jedem emotionellen oder geistigen Eindringling standzuhalten. Die Sonne unseres Bewußtseins scheint hell und wird jede Störung entdecken.

Die zwei Arten der Stimmungen – die hellen und dunklen – sind Bewußtseinszustände. Ein Mensch, der am Morgen Schwierigkeiten hat, aufzuwachen, wird in gedrückter Stimmung sein; alles wird ihn reizen und stören, bis sein waches Bewußtsein die Kontrolle über dieses Halb-Bewußtsein gewonnen hat. Ähnlich ist es am Abend, wenn wir müde werden und schläfrig, aber noch arbeiten oder einen Vortrag anhören müssen, der uns nicht interessiert. Dann werden wir übellaunig, werden gereizt und muffig.

Und jetzt sind wir bereit, aufs neue zu fragen: *Wie kommen die Stimmungen zustande?* Was für ein Mechanismus ist verantwortlich für das Aufkommen der verschiedenen Stimmungen? Können wir diese wichtige Frage beantworten?

Eindrücke erreichen die Seele über die Vermittlung der Sinne. Sowohl aus der Außenwelt wie auch aus unserem Körperinnern steigen Eindrücke durch die Sinne in das Bewußtsein. Die niederen Sinne, wie der Lebenssinn etwa, der Bewegungssinn oder der Gleichgewichtssinn vermitteln uns gewisse Erlebnisse über den Zustand unseres Körpers.

Durch den Lebenssinn erhalten wir eine dumpfe Kenntnis über die Tätigkeit unserer Organe; unsere Gefühle von Wohlbefinden oder Mißbehagen sind dieser Sinnessphäre zugeordnet. Der Bewegungssinn bringt uns zum Bewußtsein, in welcher Stellung die verschiedenen Teile unseres Körpers sich zueinander befinden. Dieser Sinn berichtet dem Bewußtsein, in welcher Weise unsere Arme und Hände, Füße und Beine sich bewegen oder ausruhen. Der Gleichgewichtssinn erlaubt uns, die Aufrechte zu erleben, vom Kopf abwärts die drei Dimensionen des äußeren Raumes zu erfühlen.

Die höheren Sinne vermitteln uns die Eindrücke der Außenwelt. Farbe und Ton, Geruch und Geschmack, Wärme und Kälte werden Dauerwahrnehmungen unseres Geistes und unserer Seele. Diese Sinneseindrücke sind ein reicher Quell von Erfahrungen, der von morgens bis nachts in uns einströmt. Nur wenn wir schlafen, sind die Sinnestore geschlossen, und wenige Eindrücke erreichen unsere Seele.

Die Sinne haben jedoch eine zweifache Funktion. Sie sind nicht nur Aufnahmezentren für äußere Eindrücke, sondern in hohem Maße auch Wächter gegen zu zahlreiche und zu starke Impressionen. Diese letztere Funktion ist weitgehend unbeachtet, obwohl sie mindestens so wichtig ist wie die erstere. Besonders der Lebenssinn, der Bewegungssinn und der Gleichgewichtssinn bilden eine mächtige Schranke vor allen jenen Kräften, die unseren Körper am Leben erhalten. Die hauptsächlichsten Prozesse, die sich innerhalb unserer Organe abspielen, sind uns ja unbekannt, treten nicht in unser Bewußtsein. Wir erleben nicht die Physiologie unserer Verdauung, nicht die Lebenskräfte unseres Stoffwechsels. Der Blutkreislauf, die Herztätigkeit, das Spiel unserer Muskeln: alle diese Funktionen bleiben unserem Tagesbewußtsein verborgen. Nur wenn wir uns nicht wohl fühlen, Schmerz oder Unbehagen empfinden, beginnen wir, die Tätigkeit unserer Organe wahrzunehmen. In solchen Zuständen sind die Schranken vor unseren Körpervorgängen durchlöchert oder überwältigt. Sobald dies geschieht, dringen alle möglichen Angreifer in das Reich unserer Seele ein und bewirken die Wolken unserer Stimmungen.

Ein ähnlicher Vorgang findet statt, wenn zu viele Eindrücke, zu starke oder zu schnell ablaufende Empfindungen unsere äußeren Sinne erreichen. Ein andauernder summender Ton, ein durchdringender Schrei, eine blendende Flamme, ein verheerender Gestank überschreiten das Maß, das wir ertragen und erdulden können. Unser Sinnessystem unterliegt der Wucht von zu zahlreichen und zu starken Sinneseindrücken, die das neuzeitliche Leben mit sich bringt, das Ausmaß des Erträglichen ist überschritten. Tausende von Sinneseindrücken erreichen unser Bewußtsein ohne jede Kontrolle an der Grenze der Sinne. Sie sind die «hidden persuaders», die «verborgenen Verführer», die sich in unserer Seele herumtreiben – ungesehene und ungerufene Fremdlinge. Sie machen unsere Seele reizbar und «nervös». Hier liegt die Ursache für die Verstimmungen unserer ganzen Generation. Nervös und neurotisch sind wir geworden, weil die

Zahl der unbeachteten und unverlangten Sinneseindrücke so enorm angewachsen ist, daß wir sie nicht mehr verdauen können. Riesige Brocken von unverbrauchten Bildern füllen die Seele an und vernebeln das Licht der Vernunft und des Bewußtseins.

Dadurch ist die ursprüngliche Grenze zwischen der Seele und der Welt durchlöchert, und durch die Hohlräume dringt der Nebel der Angst ein. Er erzeugt Finsternis im Bewußtseinsbereich, und die Seele versucht, sich gegen die Invasion zu wehren, indem sie sich zusammenzieht.

Die unmittelbaren Folgen sind Ruhelosigkeit, Abspannung und Schlaflosigkeit. Der nächste Schritt ist eine tiefsitzende Reizbarkeit, die das Tagesbewußtsein nach noch mehr Eindrücken, stärkeren Reizen und größerer Erregung jagen läßt. Darin liegt die Ursache für die heutzutage so leicht zu erregende Verdrießlichkeit und der schwierigen menschlichen Beziehungen. Die Seele ist von Stimmungen erfüllt statt von dem Licht des Bewußtseins. Das gegenseitige Verhalten verliert im sozialen Zusammenhang seine persönliche Note, und das individuelle Temperament ist im Nebel von Nervosität, Hast und Reizbarkeit eingesargt.

Die einzig mögliche Hilfe besteht in einer Zeit völligen Ausspannens, indem man sich von allen Sinneseindrücken zurückzieht. Dann kann die Seele allmählich mit den «verborgenen Verführern» fertig werden und die Grenze gegen die Sinneswahrnehmungen wieder herstellen, wieder abschließen.

Unähnlich den Emotionen, die aus dem Reich des Unbewußten auftauchen, sind die Stimmungen Teile und Teilchen der Umgebung und unseres Körpers, die in unsere Seele eindringen. Sie gehen um das Tor der Sinne herum und erscheinen als Schmerz oder Druck, als unverdaute und unzusammenhängende Töne und Gerüche, als Lärm, Kälte, Wärme und Tastempfindungen.

Eine spätere Generation wird verstehen lernen, daß diese Überbeanspruchung durch Sinneseindrücke die einzige Ursache ist für das steile Ansteigen aller Arten von Krebserkrankungen unserer Zeit. Stimmungen sind die Schrittmacher der Krebstumoren. Zuerst erscheinen sie im Bereich der Seele; dann sinken sie stetig weiter hinunter in den physischen Bereich und siedeln sich an besonders bevorzugten Stellen an. So am Magen, der überfordert ist durch künstliche Nahrungsstoffe; in den Bronchien, die von Nikotin und seinen Derivaten überreizt sind; in der Haut, die vom Staub und Rauch der Großstädte überbeansprucht wird.

Schlechte Stimmungen treten auf, wenn unsere Seele von Eindrücken überflutet wird, die den Krebswucherungen ähneln. Nach einiger Zeit helfen auch gute oder schlechte Stimmungen nicht mehr, die Armee der Eindringlinge in Schach zu halten. Sie dringen in den körperlichen Bereich ein und werden zu Tumoren. Heute stirbt jeder fünfte Mensch an Krebs. Die Ursache liegt in der Unfähigkeit der Seele, die «versteckten Verführer» des modernen Lebens zu verdauen.

Goethe, der große Dichter und Philosoph, nannte das Phänomen der Farbe die Taten und Leiden des Lichtes – die aktiven und passiven Zustände des Lichtes. Er war der Ansicht, daß Farben die Folgeerscheinungen sind eines dauernden Ineinanderspiels von Licht und Finsternis. Die rote, orange und gelbe Seite des Spektrums ist der Sieg des Lichtes über den Schatten; die grüne, blaue und purpurne Seite zeigt die Niederlage des Lichtes und den Triumph der Finsternis. Diese dynamische Erklärung des Farbphänomens wird eine Hilfe sein für das Verständnis der menschlichen Temperamente.

Wir haben die Temperamente bereits als «die veranlagte Stimmung des Individuums» beschrieben und gesagt, daß sie «die uns angeborene Art des Reagierens und Gereiztwerdens von seiten der Welt darstellen». Wir bringen die Temperamentsfärbung bereits mit und erwerben sie nicht etwa später erst in Kindheits- und Jugendjahren. Allerdings ist in frühesten Kindheitsjahren unser eigentliches Temperament von einer anderen Temperamentsfarbe verdrängt, die aber allmählich vergeht. Am Ende des zweiten Jahrzehnts enthüllt sich ganz deutlich das bleibende Temperament. Um das zwanzigste Jahr ist die Temperamentsbildung abgeschlossen, und von da an trägt der Mensch sein Temperament unverändert bis ans Lebensende mit sich.

Kann man die Natur des Temperaments beschreiben oder definieren? Wir erwähnten schon, daß, von wenigen Ausnahmen abgesehen, die modernen Psychologen die Temperamente nicht als seelische Faktoren anerkennen. Sie sprechen mehr von Charakter- oder Persönlichkeitsmerkmalen oder psychosomatischen Zuständen.

Eine andere Gruppe von Psychologen, die versuchte, die konstitutionellen Verschiedenheiten zu analysieren, kam zu weitreichenden Folgerungen. Kretschmer sprach von drei verschiedenen Typen: dem asthenischen, athletischen und Pyknikertypus. Jeder zeigt ganz ausgesprochene physische Besonderheiten. Jeder der drei hat auch spezielle psychologische Züge, und diese nennt Kretschmer Temperamente. Ein langes Kapitel seines Buches[46] handelt von den Temperamenten, obwohl er große Schwierigkeiten hat, die eigentliche Bedeutung dieses Wortes zu definieren. Er sagt: «Die Temperamente sind derjenige Fall des Psychischen, der ... mit dem Körperbau in Korrelation steht. Die Temperamente greifen, Gefühlstöne gebend, hemmend und antreibend in das Triebwerk der ‹seelischen Apparate› ein.» Hier begegnen wir einer ähnlichen Definition der Temperamente wie bei Gruhle, den wir weiter oben zitierten.

Die weitreichendste Anwendung dieser Definition findet sich bei Sheldon. Er nennt sein Buch[47] «Die Verschiedenheiten der Temperamente» und fügt als Untertitel hinzu: «Eine Psychologie der konstitutionellen Variationen.» Seine

[46] E. Kretschmer: «Körperbau und Charakter», Berlin 1929.
[47] W. H. Sheldon: «The Varieties of Temperament», New York 1942.

sehr exakten Forschungen kommen zu ähnlichen Ergebnissen wie Kretschmer. Auch er fand drei Konstitutionstypen, die mit Kretschmers Typen korrespondieren, auch wenn er sie anders benennt. Sheldon nennt den konstitutionellen Habitus eines Menschen sein Temperament, sowohl physisch als psychologisch. Für ihn sind die Charaktereigenschaften identisch mit dem Temperament. Die ganze Persönlichkeit ist Ausdruck des Temperaments.

Allport sagt dagegen[48], das Temperament umfasse die Charakteristika des Gefühlslebens einer Person, ihren Grad der Erregbarkeit, die sthenische oder asthenische Richtung ihrer Emotionen, oder die spezifische Reizschwelle (für Furcht, Zorn usw.).

Aus diesen wenigen Zitaten wird ersichtlich, daß es keine generell anerkannte Anschauung der Temperamente als geistige oder physische Qualität gibt. Was vor allem fehlt, ist das Spektrum der vier Temperamente. Jene Autoren, die die verschiedenen Formen der Temperamente beschreiben, schließen sozusagen den ganzen Charakter und die Persönlichkeit in ihre Definition ein (Sheldon und Kretschmer). Die anderen sehen im Temperament eine allgemeine Eigenschaft, die den physischen Motor schneller oder langsamer laufen läßt und dadurch die Geistesart eines Menschen beeinflußt (Allport und Gruhle).

Rudolf Steiner spricht ganz anders von den Temperamenten. Er bezieht sich auf die vier deutlich unterscheidbaren Arten von Temperamenten, die Hippokrates und Aristoteles anerkannten und beschrieben, und erklärt ihre Bedeutung. In einer Seminarbesprechung über Erziehungsfragen[49] nannte er die zwei Eigenschaften, die die Temperamente aufbauen, «Reizbarkeit und Kraft», und beschrieb die vier Typen dementsprechend:

Melancholisch: große Kraft und wenig Reizbarkeit. Cholerisch: große Kraft und große Reizbarkeit. Sanguinisch: wenig Kraft und große Reizbarkeit. Phlegmatisch: wenig Kraft und wenig Reizbarkeit.

Wir können nun fragen, was Rudolf Steiner meint, wenn er in diesem Zusammenhang die Worte «Kraft» und «Reizbarkeit» gebraucht. «Kraft» deutet auf Macht und Stärke, «Reizbarkeit» mehr oder weniger auf Empfindsamkeit. Kraft in diesem Zusammenhang bedeutet die Lebens- und Tragekraft eines Menschen, Reizbarkeit seine Fähigkeit zu reagieren; ob er langsam oder schnell eine Situation oder einen Eindruck erfaßt und entsprechend handelt. Eine sanguinische Person wird von jedem neuen Eindruck angeregt werden, ihn auch schnell erfassen, aber ebenso schnell sich etwas Neuem zuwenden, das sie von dem ersten Eindruck ablenkt. Eine cholerische Person hat dieselbe starke Reizbarkeit, aber auch große Kraft. Ein Choleriker wird sein Interesse lange Zeit demselben Eindruck zuwenden und nicht nachlassen, ehe er die Sache verstanden und gemeistert hat.

48 Zitiert in P. McKellar: a.a.O., S. 266.

49 Rudolf Steiner: «Erziehungskunst». Seminarbesprechungen. August und September 1919, GA Bibl. Nr. 295.

Der Phlegmatiker ist langsam in seiner Reaktion und arm an Kraft. Er ist von seiner Umgebung leicht zu beeinflussen, weil er wenig eigene Initiative hat.

Das sonderbarste Temperament ist das melancholische. Mit wenig Reizbarkeit, aber großer Kraft wird der Melancholiker an dem ausgewählten Objekt festhalten. Melancholische Menschen geben sich gern irgendeiner besonderen Idee hin und bleiben leicht an ihr hängen. Unter Fanatikern und Spezialisten wird man viele Melancholiker finden.

Diese wenigen Beschreibungen lassen erkennen, daß die verschiedenartige Mischung von Reizbarkeit und Kraft die vier Temperamente bedingt. Es ist klar, daß «Kraft» in Beziehung steht zur Willenskraft und «Reizbarkeit» zur Sinnessphäre. Die Wachheit im Sinnesleben und die Fähigkeit, zu erkennen und zu urteilen, ist die Quelle der Reizbarkeit; sie ist dem Bereich des Denkens zugeordnet. Somit sind in jedem der vier Temperamente Willenskraft und Denksphäre in besonderer Art gemischt. Diese zwei Elemente bestimmen den ganzen Bereich des Temperaments.

In einem seiner Vorträge bezog sich Rudolf Steiner auf diese beiden Seelenelemente, und nach eingehender Betrachtung kam er zu der Schlußfolgerung: «Das Licht ist gedanklicher Natur, die Finsternis ist willensartiger Natur[50].» Wenn wir uns erinnern, wie Goethe die Farben beschrieb als das Ineinanderspiel von Licht und Finsternis, so entdecken wir jetzt, daß sich ein ähnlicher Vorgang in der menschlichen Seele abspielt; das ausstrahlende Licht des Denkens im Ineinanderspiel mit der Finsternis des Wollens schafft die Farbe des Temperaments. Außen sind die Farben, innen ist das Spektrum unserer Temperamente.

Es wäre falsch zu glauben, daß der einzelne Mensch nur von einem Temperament bestimmt wird. Jeder Mensch hat alle vier Temperamente in sich, aber eines ist das vorherrschende. Wenn wir die vier Typen in einen Kreis zeichnen, sehen wir folgendes Schema:

Cholerisch

Melancholisch Sanguinisch

Phlegmatisch

Ein Choleriker wird immer eine gewisse Melancholie zeigen und auch sanguinische Tendenzen. Nur das phlegmatische Temperament wird in ihm kaum erkennbar sein. Der männliche Choleriker (wie Beethoven, Napoleon und viele andere) wird mehr nach der melancholischen Seite tendieren, der weibliche nach der sanguinischen.

Ein melancholischer Mensch hat phlegmatische sowohl wie cholerische Züge, aber er wird nie den leisesten Zug des Sanguinischen zeigen. Alles in ihm wird

[50] Rudolf Steiner: «Das Wesen der Farben in Licht und Finsternis, Maß, Zahl und Gewicht», Vortrag vom 5. Dezember 1920, GA Bibl. Nr. 202.

den Stempel der Dunkelheit tragen, und der Wille tritt mit geringer Reizbarkeit auf. Der Phlegmatiker kann sowohl melancholische wie sanguinische Eigenschaften haben. Sein cholerisches Temperament ist völlig zugedeckt und wird kaum jemals hervortreten. Es werden mehr die Männer sein, die sanguinische Tendenzen zeigen; die Frauen dagegen die melancholischen.

Das sanguinische Temperament hat eine männlich-cholerische Seite und eine feminin-phlegmatische. Es wird nie melancholische Tendenzen zeigen.

Wir beginnen nun, die besondere Einordnung der vier Temperamente zu verstehen. Tatsache ist, daß zwei sich immer polar gegenüberstehen und sich gegenseitig ausschließen. Der Phlegmatiker hat selten cholerische Züge, und in entsprechender Weise schließen sanguinisches und melancholisches Temperament sich aus. Jedes Temperament hat jedoch zwei Begleiter, die nach Kraft und Erscheinung wechseln. Es gibt ungeheuer viele Mischungen.

Da die Temperamente von verschiedenen anderen Eigenschaften des Individuums beeinflußt und geformt werden, wird man kaum je zwei ganz gleichgeartete finden. Jeder Mensch hat sein spezielles Temperament, es ist wie die Einkleidung seiner Individualität. Dieses Kleid hat als Webkette die «Kraft» und als Schuß die «Reizbarkeit». Wir selbst sind die Weber, die vor dieses Temperaments-Material gesetzt sind; wir geben ihm die besondere Textur, die persönliche Färbung und den individuellen Schnitt.

Es ist nicht immer leicht, das Temperament eines Menschen zu erkennen, weil oftmals drei Temperamente sehr ineinander gemischt sind und das vorherrschende seine ausgesprochene Färbung verliert. Es ist daher manches Mal nötig, auf das Temperament zu sehen, das fehlt. Wenn die melancholische Seite überhaupt nicht vorhanden ist, wird das entgegengesetzte Temperament, das sanguinische, die Hauptrolle spielen. Dieser diagnostische Schlüssel erweist sich oft als große Hilfe.

Ein anderes beachtliches Symptom ist das Verhältnis der verschiedenen Temperamente zum Phänomen der Zeit. Ein Melancholiker ist zutiefst mit vergangenen Erlebnissen verbunden. Er wird sich immer mit vergangenen Erlebnissen beschäftigen und sie wieder und wieder heraufholen. Er hat große Schwierigkeiten zu vergessen, was man ihm angetan hat; sein Blick ist nach der Vergangenheit gerichtet.

Der Choleriker kann leicht vergessen. Er wiederholt sich nicht gern und kehrt sich auch nicht nach Begebenheiten um, die vergangen sind. Er verlangt nach Aktivität, nach Opposition, er möchte angreifen und neue Aufgaben unternehmen. Sein Gesicht ist der Zukunft zugekehrt.

Der Phlegmatiker wie der Sanguiniker sind mit der Gegenwart verknüpft. Die augenblicklichen Eindrücke werden von dem schnellen und rasch wechselnden Sinn des sanguinischen Temperaments verfolgt. Der Phlegmatiker gibt sich der Gegenwart hin und fragt nicht allzuviel nach der Vergangenheit oder Zukunft. Diese beiden Temperamente sind Kinder der Gegenwart.

Wir haben nun eine anfängliche Beschreibung des umfangreichen Themas der Stimmungen und Temperamente des Menschen gegeben. Einige kurze Bemerkungen über Stimmung und Temperament im Leben der Tiere müssen noch hinzugefügt werden. Sind diese beiden Eigenschaften von ähnlicher Bedeutung im Reich der Tiere wie der Menschen? Ist es gerechtfertigt, von verschiedenen Stimmungen und Temperamenten zu sprechen auch in bezug auf das tierische Verhalten?

Die moderne Wissenschaft der Ethologie – die das Verhalten der verschiedenen Tierarten unter normalen Umständen studiert – hat eine enorme Anzahl neuer Tatsachen ans Licht gebracht. Wir haben gelernt, das Leben der Tiere von einem neuen Gesichtspunkt aus zu betrachten, der völlig neue Tatsachen ergab. Jedes einzelne Tier zeigt nach seiner Art, seinem Alter, seiner Umwelt eine Reihe spezifischer Verhaltensweisen. Es zeigt auch sehr deutlich ein «Innenleben» mit einer großen Vielfalt von seelischen Qualitäten, die weit über den Rang von Instinkten hinausgehen.

Die höheren Tiere reagieren ziemlich individuell und zeigen unterschiedliches Verhalten selbst in der gleichen Gattung. Die individuellen Stimmungen variieren beträchtlich, und die Reaktionen, Triebe und Motivationen sind dementsprechend verschieden.

Portmann widmet in einem seiner Hauptwerke ein ganzes Kapitel dem Phänomen der Stimmungen[51]. Er sieht in der Stimmung einen der Hauptantriebe im Verhalten der Tiere. Er stellt eindeutig fest: «Die Stimmung ist nicht mehr die Verzerrung oder Korruption des ‹normalen› oder sozusagen neutralen Zustandes. Die Stimmung in ihren verschiedenen Formen ist in sich selbst eine wechselnde ‹Norm›. Ein neutrales Tier gibt es nicht; ein lebendes Wesen ist immer in der einen oder anderen Stimmung, ob es nun – von außen angeschaut – aktiv oder in Ruhe ist.»

Diese wenigen Bemerkungen und die zahlreichen Beispiele, die Portmann anführt, lassen erkennen, daß die Stimmungen im Tier eine viel größere Rolle spielen als im Menschen. Die Tiere sind nicht nur durchdrungen von ihren Stimmungen; sie haben nur geringe Möglichkeit, über sie zu reflektieren und sie zu wechseln. Stimmungen werden für die Tiere oftmals Antriebe zu ihren Handlungen und beeinflussen tiefgehend ihre Verrichtungen. Die amerikanische Tierpsychologie nennt die Stimmungen den «zentralen Antrieb»[52]. Motivation und Stimmung sind im Tier eng verknüpft, wir könnten sogar sagen, daß sie wechselseitig voneinander abhängen. Die Stimmungen des Tieres schaffen den Antrieb für sein Handeln, und die Art seines Handelns wirkt auf die Stimmungen zurück und verändert sie.

[51] A. Portmann: «Das Tier als soziales Wesen», Zürich 1953.
[52] Zitiert nach F. J. J. Buytendijk: «Mensch und Tier», Hamburg 1958.

Es gibt drei Hauptformen tierischer Stimmungen: die *ängstliche*, die *angriffslustige* und die *erotische*. Diese Stufenfolge findet sich beinahe in allen Tiergattungen und differenziert und verfeinert sich bei Säugetieren und Vögeln. Ungeachtet dessen bleibt dies die Grundstruktur für die Stimmungen im gesamten Tierreich.

Anderenteils ist das Temperament der Tiere keine individuelle Angelegenheit; das einzelne Tier hat kein besonderes Temperament. Es ist vielmehr die Gruppe oder Gattung, deren Temperamentsfärbung jedem individuellen Tier anhaftet. Die sanguinische Natur des Wildes unterscheidet sich von der phlegmatischen der Schafe. Die Katzenfamilie ist eher cholerisch in all ihren Vertretern, und gleichen Temperaments sind auch viele andere Gattungen, soweit wir das beurteilen können. «Die Katze unter den Tauben» und «der Hecht im Karpfenteich» sind Redensarten, die auf die Temperamentsverschiedenheit zwischen den verschiedenen Gattungen hindeuten.

Die Familie der Nagetiere ist durchaus ziemlich sanguinisch. Alle ihre Vertreter sind von rascher, ruheloser und nie aufhörender Aktivität. Sie brüten und fressen viel schneller als alle anderen Gattungen. Ob Maus oder Ratte, Kaninchen oder Eichhörnchen – sie sind alle gleichen Temperaments.

Nun müssen wir aber den fundamentalen Unterschied zwischen Mensch und Tier ins Auge fassen. Das Temperament enthüllt die Tatsache, daß die Individualität im Menschen der Gattung im Tier entspricht. Die ganze Familie, nicht das einzelne Glied, ist im Tierreich verantwortlich für das spezifische Temperament.

Bei den Tieren veranlassen die Stimmungen ihre Handlungen; diese jedoch werden durch die Temperamentsschattierung der Gattung bestimmt. Das Tier ist an die Verhaltensweise seiner Gattung gebunden und gekettet. In deren äußeren und inneren Umwelt wird es gefangen gehalten. Nicht so der Mensch. Er hat die Freiheit, über seine Stimmungen nachzudenken und sie dadurch zu *verändern*. Er kann seine Temperamentsveranlagung erkennen und dementsprechend handeln. Er kann die ganze Welt zu seinem Umkreis machen.

Ein neues Seelenreich ist nun vor unserem inneren Auge erstanden. Stimmung und Temperament enthüllten ihr wahres Sein; sie sind Kinder des Lichtes und der Finsternis. Aber wie verschieden ist ihr Wesen! Wie unterschiedlich ihre Natur!

Licht und Finsternis geben unserer Seele Spannung und Tönung; auf diese Weise werden unsere Stimmungen erzeugt. Die Seele gleicht einem empfindlichen Instrument in den Händen des Lichts und im Griff der Finsternis. Diese beiden Elemente stimmen die Saiten unserer inneren Leier, um sie in Dur oder Moll erklingen zu lassen. Wenn das Licht hell leuchtet, singen wir in Dur; wenn die Dunkelheit vorherrscht, in Moll. Die Saiten unserer Seele sind die Handlanger dieser zwei großen Kräfte, die den kosmischen Raum durchdringen.

Die Temperamente sind die Gewandung unseres Ich. Dieses Kleid wird von Wollen und Denken, den Sprößlingen von Dunkelheit und Licht, gewoben. Verwandelte Dunkelheit wird Willenskraft; verwandeltes Licht wird zur Gedankenmacht. Am Webstuhl unseres persönlichen Schicksals wird die Leinwand unserer Temperamente lange vor unserer Geburt gewoben. Wir decken unsere Nacktheit zu mit dem Gewand des Temperaments, das den inneren Rhythmus unserer Seele bestimmt.

Jede Menschenseele ist noch immer das Schlachtfeld der Mächte von Licht und Finsternis. Heute erleben wir sie nicht mehr in der Verkleidung von Ormuzd und Ahriman. Wir sehen sie in einer neuen Metamorphose: als Michael und den Drachen. Sie erscheinen vor uns und rufen uns auf, für das Licht zu kämpfen und die Dunkelheit in uns und außer uns zu überwinden; unser Elend und unsere Gereiztheit in das Licht klaren Denkens zu verwandeln und in Demut die dunklen Fäden zu akzeptieren, die das Schicksal in das Gewand unseres Temperamentes eingewoben hat.

Bilder tauchen nun auf. Die Seele beginnt, von sich selbst zu sprechen, sich selbst zu benennen und ihr Wesen zu beschreiben. Die Seele singt das Wort von Licht und Finsternis und spricht den Namen derer aus, die sie bekleideten, damit sie kraftvoll und aufrecht dahinschreiten kann.

VI. Die zwölf Sinne des Menschen

Für die moderne Psychologie ist die größte Schwierigkeit, die Realität der lebendigen Seele zu entdecken. Geistige und emotionelle Erscheinungen werden beschrieben und durch einen physischen Ursprung erklärt. Das Zentralnervensystem, Gehirn und Rückenmark im besonderen, wird für die Hervorbringung geistiger Energie verantwortlich gemacht. Niemand weiß, was die «Energie» in Wirklichkeit ist, aber der Begriff Energie macht es möglich, etwas zu beschreiben, was sonst nicht erklärbar wäre.

Warum ist die Realität der Seele dem tatsächlichen Erleben so vollständig entzogen? Jeder Mensch erlebt täglich Emotionen und Begierden, Stimmungen und Gefühle, Gedanken und Willensimpulse. Dennoch schreckt der Psychologe zurück vor der einfachen Feststellung: Es gibt eine Seele, sie ist existent.

Auf die obige Frage gibt es keine einfache Antwort, weil Psychologen ebenfalls Menschen sind und die gleichen inneren Konflikte, die gleichen Möglichkeiten der Selbsttäuschung haben wie jedermann sonst. Manche von ihnen sind Agnostizisten und unfähig, eine Kraft anzuerkennen, für die in ihrer Weltanschauung kein Platz ist. Andere würden die Wahrheit der Seelenexistenz gern zugeben, können aber nicht an ihre eigenen Erfahrungen glauben. Denn die

Seele ist ein flüchtiges Wesen, weder zu sehen noch zu hören; auch nicht zu tasten oder zu messen. Also wird ihre Existenz geleugnet und in Frage gestellt.

Die Ursache liegt in der Seele selbst. Nach Substanz und Wesen ist sie so zart und beeindruckbar, daß sie unter dem Druck und der Spannung der Sinneseindrücke verschwindet. Während des letzten Jahrhunderts hat die zunehmende Spannung im Leben der Menschen eine solche Höhe erreicht, daß die Seele andauernd unter den auf sie einhämmernden Sinneseindrücken steht. Diese kommen pausenlos durch Auge und Ohr, durch die Haut und andere Sinnesorgane heran und unterwerfen die Seele einem fortgesetzten Trommelfeuer von Eindrücken. Unter solch überwältigendem Ansturm scheint die Seele selbst zu verschwinden und kaum mehr zu sein als ein Spiegel für die äußeren Eindrücke. Das Leben der Seele geht unter in dem Wirbel von Farben und Tönen, Geräuschen und vorbeiziehenden Bildern.

Ist es da noch verwunderlich, daß die moderne Psychologie die Existenz eines Spiegels leugnet, den man nicht erkennen kann, weil er unwahrnehmbar ist durch die Fülle dessen, was er spiegelt? Eine oberflächliche Beobachtung des eigenen Erlebens wird diese Bemerkung rechtfertigen. Was kommt uns entgegen, wenn wir den Strom unseres geistigen Lebens beobachten? Da sind zunächst und vor allem unsere Sinneswahrnehmungen, die unser Bewußtsein erfüllen. Die Welt um uns herum wird gesehen und gehört und gerochen und getastet. Wir empfinden Wärme und Kälte in unserem eigenen Körper wie auch außerhalb. Wir fühlen, wie die Kälte unserer Umgebung uns frieren und eine heiße Umgebung uns schwitzen läßt; Frieren und Schwitzen sind ebenso Sinneswahrnehmungen wie Sehen und Hören, wenn auch verschiedener Art.

Tatsächlich gibt es zwei verschiedene Arten von Sinneseindrücken. Die eine zeigt uns Form und Natur der äußeren Welt, deren Substanz wir riechen und tasten; wir sehen ihre Farben und Formen und die Raumesbeziehungen aller Dinge um uns. Wir empfinden auch ihre Temperatur und erleben ihre Oberfläche mit allen Besonderheiten. Indem wir sie berühren, erfahren wir, ob sie aus Stein, Wolle oder Metall besteht.

Die andere Art der Sinneswahrnehmungen verschafft uns das unmittelbare Wissen über den Zustand unseres Körpers. Wir fühlen, wenn auch in unbestimmter, dumpfer Art, die Innenseite unserer Haut; wir haben einen ähnlich unbestimmten Eindruck über körperliches Wohl- oder Übelbefinden. Wir fühlen genau die Stellung unserer Beine zueinander und zum Rumpf; wir wissen, ob unser Arm ausgestreckt oder gebeugt, ob unsere Hand offen oder geballt ist. Ununterbrochen werden wir von solchen Empfindungen begleitet und fühlen uns entweder angespannt oder entspannt.

Somit sind wir in unserer Seele erfüllt von der Welt, die uns umgibt, und einer anderen, die wir als die Welt unseres Körpers erkennen lernen. Das Kind braucht eine gewisse Zeit, bis es zwischen diesen zwei Erfahrungsbereichen unterscheidet, und erst wenn das am Boden kriechende Kind gelernt hat, aufrecht zu stehen und die ersten Schritte zu machen, ist es fähig, zwischen der einen und anderen Welt zu unterscheiden. Die Aufrechte des Menschen bedeutet eine Mauer zwischen seiner Umgebung und seinem Körper.

Doch bleibt der Körper in gewisser Hinsicht Teil der Welt. Wir atmen die Luft der Umgebung ein und aus; in einem Augenblick ist sie außerhalb unseres Körpers, im nächsten ist sie ein Teil von ihm. Wir fühlen die Temperatur der Umgebung, die unseren Körper durchdringt, und in ähnlicher Art strahlt seine Wärme nach außen zurück. Das Leben des Körpers hängt von dem Zustand der Luft ab, von der Temperatur, der vorhandenen Nahrung. Auf diese Weise sind wir ein Teil der uns umgebenden Welt.

Dabei sind wir uns bewußt, daß unser Körper von allen anderen verschieden ist, weil ein kompliziertes und weitverzweigtes System von Sinneseindrücken unseren Körper zu dem unseren macht. Kein anderer Körper ist in dieser besonderen Art uns zugehörig. Rudolf Steiner zeigte vier Sinnessysteme auf, die dafür verantwortlich sind, unserer Seele die fortdauernden Eindrücke unseres Körpers zu übermitteln:

1. Der Tastsinn gibt unserer Seele den dumpfen Eindruck von den Grenzen unseres Körpers.

2. Der Lebenssinn vermittelt der Seele die Eindrücke von Wohl- und Übelbefinden des Körpers.

3. Der Bewegungssinn zeigt der Seele an, wie die einzelnen Körperteile zueinander stehen.

4. Der Gleichgewichtssinn teilt der Seele die Stellung des Körpers in bezug auf den ihn umgebenden Raum mit. Ob er aufrecht oder horizontal ist, wird durch diesen Sinn erlebt.

Diese vier Sinne können wir die «niederen» oder «leiblichen» Sinne nennen; sie übermitteln uns fortdauernd das Bewußtsein unserer leiblichen Natur.

Vier weitere Sinne sind der umgebenden Welt zugekehrt:

5. Der Geruchssinn übermittelt uns den individuellen Geruch jeder Substanz. Er offenbart etwas von dem individuellen Sein oder der Eigenart; wir «riechen» die spezielle Natur einer Substanz.

6. Der Geschmackssinn vermittelt uns den Eindruck der Zusammensetzung einer bestimmten Substanz. Ob sie sauer oder mild, bitter oder süß ist, salzig oder alkalisch. Damit wird das «Temperament einer Substanz» enthüllt.

7. Der Sehsinn zeigt uns den umliegenden Raum und was er enthält. Er breitet die Vielfalt der Farben vor uns aus; er läßt uns Form und Gestalt aller Dinge wahrnehmen und ihre Beziehungen untereinander erkennen.

8. Der Wärmesinn übermittelt uns die Temperatur der umliegenden Welt. Ob es heiß oder kalt, gemäßigt oder stechend ist, fühlen wir durch einen beson-

deren Sinn. Er steht unserem Körper besonders nahe und verbindet ihn mit der Umwelt.

Geruchs-, Tast- und Sehsinn unterscheiden sehr deutlich zwischen der Umgebung und unserer eigenen Körperlichkeit. Diese drei Sinne übermitteln uns die Erfahrung der Substanz, sozusagen des «Körpers», der uns umgebenden Welt. Im Wärmesinn ist dieser Unterschied bereits verwischt und das «innen» und «außen» kann nicht immer klar definiert werden. Wir wissen, daß laues Wasser warm oder kalt empfunden werden kann, je nachdem wir kalte oder heiße Hände haben. Es ist also das Ineinanderspiel der Wärme unseres Körpers und der Außenwärme, das uns den Sinneseindruck übermittelt.

Die unzählbaren Eindrücke dieser acht Sinne erfüllen fortdauernd das Fassungsvermögen unserer Seele. Unser Bewußtsein ist damit beschäftigt, sie zu ordnen, indem es sie einreiht und in neuer Weise untereinander verbindet.

Die Gesamtheit dieser Eindrücke wird jedoch von weiteren Sinnesbereichen berührt: durch den Anprall von Geräusch, Klang und Tönen. Der Gehörsinn ist in sich selbst so weitverzweigt und differenziert wie alle anderen Sinne zusammen. Die Vielheit dessen, was wir durch das Ohr vermittelt bekommen, kann nur mit den Eindrücken des Sehsinnes verglichen werden.

Das Auge läßt die Welt von Licht und Farbe, von Raum und Form außerhalb unseres Körpers. Das Ohr prägt seine Erfahrungen tief in unsere Körperlichkeit ein, läßt Körper und Seele vibrieren und erzittern. Daß Geräusche und Töne sehr oft zu unerträglichen Bedrohungen unserer Seele werden, resultiert aus der besonderen Eigenart unseres Hörens.

Eine neue Welt wird uns durch das Ohr erschlossen. Es ist weder unsere eigene Körperlichkeit, die wir gewahr werden, noch die Substanz der Umwelt. Es ist viel mehr. Die Seele der Dinge und Wesen beginnt vermittels von Klang und Stimme und Ton zu uns zu sprechen. Wir nehmen Stimmungen und Gefühle wahr, Sehnsüchte und Leidenschaften von Menschen und Tieren um uns herum. Der sausende Wind und die krachende Tür, der seufzende Wald und das prasselnde Feuer, das Stöhnen und Winseln von Tieren, Sprache und Gesang der Völker: Alles offenbart die innerste Natur dessen, was ertönt.

Die Seele selbst ist Laut und Ton, ist Gesang und Melodie, und wir lauschen von Seele zu Seele, wenn wir hören. Ob es ein Naturlaut ist oder die Sprache des Menschen, das Murmeln des Wassers oder der Klang der Flöte: Es ist die Seele, die sich im Ton enthüllt.

Der Klang ist der allesumfassende, allesdurchdringende Ausdruck des Individuums sowohl als der allumfassenden Seele. Das Ohr offenbart also nicht die Natur der Substanz wie Geruchs-, Tast-, Seh- und Wärmesinn. Der Ton enthüllt, was hinter der Substanz liegt, das, was die Substanz durchdringt mit Seele und Bewußtsein, mit Gefühl und Willen.

Durch Laut und Ton ist es dem Menschen möglich, seine Stimme zur Sprache zu bilden. Und es ist die Sprache, die uns ermöglicht, die Gedanken des anderen, der dieselbe Sprache spricht, zu verstehen. Auf diese Art wird Laut, Geräusch und Ton zusammengesetzt, um Worte und Sätze zu formen, die der äußere Ausdruck unserer Intelligenz und Vernunft sind.

Rudolf Steiner zeigte auf, daß wir über den Hörsinn hinaus noch drei andere Sinne unterscheiden müssen: den Wortsinn, den Gedankensinn und den Ich-Sinn. Damit schließt sich der Kreis der zwölf Sinne. Diese letzteren nennt er die vier höchsten Sinne.

9. Der Hörsinn öffnet die Welt der Seelen um uns herum. Durch Klang und Ton, Stimme und Geräusch wird die innerste Natur von Dingen und Wesen enthüllt.

10. Der Wortsinn läßt uns unmittelbar wahrnehmen, ob ein Klang Geräusch ist oder Sprache. Durch diesen Sinn erfassen wir die Natur von Worten und Silben, Vokalen und Konsonanten.

11. Der Gedankensinn vermittelt uns die Bedeutung eines Wortes, eines Satzes. Durch eine unmittelbare Sinneserfahrung verstehen wir die Bedeutung und den symbolischen Gehalt des gesprochenen Lautes, der Name offenbart seine wahre Bedeutung durch den Gedankensinn.

12. Der Ich-Sinn ist die Fähigkeit der Seele, die unmittelbare Gegenwart eines anderen Menschenwesens wahrzunehmen. Es ist nicht so, daß wir durch die Anwesenheit eines Körpers oder einer Stimme oder eines anderen Eindrucks den Schluß ziehen, daß hinter der Erscheinung eine Persönlichkeit ist, die unserer eigenen ähnelt. Sondern wir erleben das Ich des anderen in direkter Wahrnehmung.

Der Ich-Sinn ist der letzte der zwölf menschlichen Sinne, die uns die Erfahrung von drei verschiedenen Welten vermitteln:

Die vier niederen Sinne übermitteln uns die Taten und Leiden unseres eigenen Körpers. Die vier höheren Sinne offenbaren uns die Natur der uns umgebenden Welt, insofern als diese Welt substantiell ist. Die vier höchsten Sinne verschaffen uns die Möglichkeit, in die Seelensphäre der Umwelt einzudringen. Wir hören den Klang und das Wort der Seelen um uns und verstehen daher ihre Gedanken, Gefühle und Willensimpulse. Der Ich-Sinn offenbart das innerste Wesen der anderen Individualität.

Ton, Musik und die intentionale Fähigkeit der Seele

Die innere Qualität von Ton und Musik hat immer ein ganz bestimmtes Merkmal. Wenn wir einer Melodie zuhören – ob in Moll oder Dur – erleben wir sie so, daß sie ein ganz bestimmtes Element des Verlangens in unserer Seele hervorruft. Es liegt im Charakter jedes Tones, daß er dies besondere Element des Sehnens enthält. Der Gesang der Vögel ist ein treffendes Beispiel für diesen Zustand. Nie singen die Vögel, um zu bestätigen, was sie erlangt haben. Ihr

Gesang drückt die Sehnsucht nach irgend etwas aus, ihr Wünschen und Verlangen.

Mit der steigenden Morgensonne beginnen sie zu singen und zu trillern, zu jubilieren und zu zwitschern, und ihr ganzes Verlangen ist, mit der Sonne höher und höher zu steigen. Darin liegt das ursprüngliche Wesen aller Musik. Ob der Schäfer auf seiner Flöte bläst, der Jäger auf der Rohrpfeife, es ist immer Sehnsucht, die zum Ausdruck kommt.

Die Musik kann beruhigen so gut wie anfeuern. Sie kann unsere Spannungen lösen oder unser Phlegma aufpeitschen. Sie kann uns hochreißen oder in Schlaf singen. Die Musik spielt mit unseren Gefühlen und Emotionen, mit unseren Leidenschaften und Trieben. Aber sie gibt nie wahre Befriedigung und hat kein Ende. Die schönste Melodie läßt in uns die Sehnsucht zurück, mehr zu hören. Daher sind alle Musikstücke so komponiert, daß die Wiederholung zur grundlegenden Struktur gehört. Ob Fuge oder Arie, Sonate oder Variation: die führende Melodie oder das Leitmotiv wird immer wieder in den verschiedensten Arten und Gestaltungen wiederholt.

Wenn wir Musik hören, erwarten wir diese Wiederholungen, weil die innerste Natur der Musik sie verlangt. Und nicht nur in der Musik, sondern in jedem Klang, jedem Geräusch, jedem Ton ist die Wiederholung ein Teil ihres Wesens. Es gibt keine Musik ohne dieses Element der Wiederholung, das in sich selbst Rhythmus ist.

Die endlose Wiederholung des Wogenrauschens ist der Gesang des Meeres; das Gurgeln des fließenden Stromes singt den Rhythmus der Bäche und Flüsse. Das rollende Rad, die stampfenden Hufe, das Klimpern des Metalls, das Läuten der Glocken, der wiederkehrende Schrei der Tiere: sie alle erklingen in den Rhythmen, die zur innersten Natur des Klangs gehören.

Ähnlich dem Ton und der Musik von außen sind die rhythmischen Funktionen einzelner unserer Organe. Das Herz schlägt, weil es nach mehr Blut verlangt, die Lunge atmet, weil sie nach mehr Luft und Sauerstoff hungert. Diese zwei Rhythmen sind die Zentralkräfte unseres Erdenlebens. Es ist unsere Seele, die nach Luft verlangt, nach Sauerstoff hungert, um den Körper zu erhalten, der ihr Wohnsitz ist zwischen Geburt und Tod.

Der Herzschlag ist der Grundton unserer Lebensmelodie. Er begleitet uns Tag und Nacht. Rund um diesen Grundton spielt sich in ununterbrochener Wiederholung unser Ein- und Ausatmen ab, und in diesem zweifachen Rhythmus ruht die Menschenseele.

Rudolf Steiner hat vielfach darauf hingewiesen, daß dieser Grundrhythmus annähernd 1:4 beträgt; ungefähr vier Herzschläge begleiten einen Atemzug. Gewöhnlich zählen wir 72 Pulsschläge und 18 Atemzüge in der Minute.

Die Seele, die in sich selbst Ton und Musik ist, kann nur in einem Reich wohnen, das aus Rhythmus und Wiederholung besteht. Vermittels des schlagenden Herzens und der atmenden Brust bewohnt die Seele das Haus unseres Leibes.

Sobald dieser Rhythmus aufhört, muß die Seele den Körper verlassen und einen neuen Wohnort finden.

Die Seele, die aus Klang und Musik besteht, trägt in sich selbst das Element dauernder Sehnsucht. Durch ihre eigene Natur ist sie voll von endlosen Wünschen, Sehnsüchten und Trieben. Sie gehören zur innersten Seelensubstanz. Die Seele ist Ton, und Ton ist Sehnsucht, und Sehnsucht verlangt nach Wiederholung und Rhythmus.

Wir müssen nun daran denken, daß in einem vorhergehenden Kapitel dieser Ausführungen die «intentionale Fähigkeit der Menschenseele» beschrieben wurde. Wir fußten auf dem Werk des großen Philosophen Franz Brentano, der gegen Ende des letzten Jahrhunderts diese grundlegende Eigenschaft der Seele charakterisierte. Wir kamen zur Schlußfolgerung: «Unser gesamtes Seelenleben hat den Charakter der Intentionalität. Unsere Emotionen, unsere Gedanken, unsere Willensimpulse sind kaum jemals ohne Objekt. Wir denken und fühlen und wollen Dinge, Wesen, Taten, Erfahrungen – irgend etwas außer uns selbst. Das ist eine einfache, aber wichtige Erkenntnis. Unsere Seele ist dauernd mit ihrer Umgebung beschäftigt und wird durch den Wechsel der gemachten Erfahrungen wachgehalten.»

Erst jetzt ist es möglich, von diesem ersten Hinweis einen Schritt weiter zu gehen. Denn wir beginnen zu verstehen, daß das intentionale Element in unserer Seele Ton und Musik ist. Es verlangt dauernd nach einem Objekt, es sehnt sich nach Erfüllung. Was Brentano meinte, als er sagte: «Kein Hören ohne Gehörtes, kein Glauben ohne Geglaubtes; kein Hoffen ohne Gehofftes», indem er durch solche Beispiele aufzeigte, daß es keine Absicht gibt ohne Ziel, und daß deshalb alle intentionalen Handlungen nach ihren Absichten und Objekten suchen. Das charakterisiert die wahre Natur von Musik und Ton.

So können wir feststellen, daß die intentionalen Eigenschaften in unserer Seele in sich selbst Klang und Ton sind. Deshalb wiederholen sie sich und finden nie ein Ende. Die Seeleneigenschaft, die Brentano als intentional bezeichnete, ist wesensgleich mit dem, was uns durch den Gehörsinn als Ton und Geräusch, als Klang und Stimme übermittelt wird.

Rudolf Steiner widmet ein ganzes Kapitel seines Buches «Von Seelenrätseln» dem Thema der intentionalen Eigenschaften. In dem Kapitel, das überschrieben ist «Über die wirklichen Grundlagen der intentionalen Beziehung» beschreibt er den Kreis der zwölf Sinne in der Art, wie wir es weiter oben getan haben. Er führt aus, daß der Mensch, «von einem Sinnesobjekt niemals bloß durch *einen* Sinn einen Eindruck erhält». Es sind dabei mindestens zwei Sinne beteiligt, die, indem sie ihre Eindrücke vereinen, uns ermöglichen, die Realität eines Objektes zu erfassen. Er sagt: «Die Beziehung zu *einem* Sinne tritt mit besonderer Schärfe in das gewöhnliche Bewußtsein; die andere bleibt *dumpfer*.» Und er beschreibt, wie die vier körperlichen Sinne die verborgenen sind, während die vier höheren Sinne in voller Klarheit herauskommen.

Ein paar Beispiele werden diese Feststellung erläutern. Wenn wir einem Objekt mit dem Blick folgen, einem fliegenden Vogel oder einem sich bewegenden Fahrzeug, ist es nicht der Sehsinn, der den Akt der Bewegung wahrnehmen kann. Unzählige Theorien wurden aufgestellt, diese einfache Erfahrung zu erklären, aber keine war fähig, den Tatsachen gerecht zu werden. Weil, solange wir im Bereich des Sehsinns verbleiben, keine Erklärung möglich ist. Sobald wir den Bewegungssinn einführen, der – durch das Mittel des Augapfels und seiner Muskeln – dem sich bewegenden Objekt folgen kann, beginnen wir, diesen Wahrnehmungsprozeß zu verstehen. Der Sehsinn vereinigt seine Anstrengungen, ein in Bewegung befindliches Objekt zu sehen, mit dem Bewegungssinn. Der letztere ist verborgen, und wir erkennen ihn nicht ebenso unmittelbar, wie wir uns des Sehsinns bewußt werden. Trotzdem spielt er eine wesentliche Rolle in der Sinnesfunktion.

Ein anderes Beispiel: indem wir versuchen, ein Objekt in den Brennpunkt unseres Sehens zu rücken, muß sich die Augenlinse der Entfernung anpassen, in der das Objekt erscheint. Diese Anpassung geschieht dadurch, daß die Linse sich wie ein Muskel zusammenzieht oder ausweitet. Aber es ist nicht der Sehsinn, der für die Handlung verantwortlich ist. Es ist der Gleichgewichtssinn, der die widerstrebenden Bewegungen unserer Linse dirigiert.

Ein weiteres Beispiel: was immer wir essen, wir schmecken es nicht allein durch den Geschmackssinn, denn, indem die feste oder flüssige Nahrung unsere Zunge, unseren Gaumen oder die Innenseite der Wangen berührt, vereinigt sich der Tastsinn mit dem Geschmackssinn. Wir beginnen auch gleich zu schlucken und zu kauen und betätigen dadurch auch unseren Bewegungssinn. Die Speicheldrüsen beginnen ihr flüssiges Sekret abzusondern, und sofort setzt der Lebenssinn ein. Somit sind an dem einfachen Akt des Essens mindestens vier verschiedene Sinne beteiligt. Sie ergänzen und vermengen sich und ihr kompliziertes Ineinanderspiel schafft das Erlebnis des Essens, des Schmeckens und der Freude an der Mahlzeit.

In den ersten zwei Beispielen war es der Sehsinn, der die Melodie für den intentionalen Teil des Sehaktes lieferte. Der Bewegungssinn und der Gleichgewichtssinn spielten die begleitenden Akkorde. Im letzten Beispiel war es ein musizierendes Quartett; der Geschmackssinn spielte die erste Geige und wurde von drei anderen Instrumenten begleitet: dem Bewegungs-, Lebens- und Tastsinn.

Diese Beispiele sind ein Hinweis auf die Funktionen der intentionalen Eigenschaften im Verhältnis zu der Arbeit der Sinne. Die vier körperlichen Sinne sind weit stärker mit den intentionalen Eigenschaften verknüpft als die vier höheren. Im Riechen und Schmecken, im Sehen und in der Wärme-Kälte-Empfindung sind die intentionalen Eigenschaften sehr verfeinert. Wir verlangen nicht nach allem, was wir sehen oder schmecken.

Die niederen Sinne dagegen sind durchtränkt von derartigem Verlangen, weil sie von intentionalen Merkmalen erfüllt sind. Die dumpfen Impressionen, die wir durch diese Sinne erlangen, sind voll von Gefühlen und Begierden.

Wenn eine Stimme ruft, drehe ich sofort meinen Kopf dahin; wenn ich einen Menschen sehe, der mich mit freundlichem Lächeln ansieht, lächle ich zurück. In beiden Fällen ist es weder das Ohr noch das Auge, das meine Handlung eingibt. Da ich eine Stimme habe, bewegt sich mein Kehlkopf in einer Art Resonanz, und sofort wird der Bewegungssinn aufgerufen, verbindet sich mit dem Klang und läßt mich den Kopf umwenden.

Etwas Ähnliches geschieht im zweiten Fall. Durch eine leise Nachahmung wird das Lächeln des andern in meiner Seele wiederholt; der Bewegungssinn greift es auf und läßt meine Muskeln sich bewegen, das Lächeln zurückgeben. Die beiden intentionalen Handlungen begegnen sich: das auffordernde und das antwortende Lächeln.

Wir begegnen hier noch einem anderen Element, das eine große Rolle spielt in bezug auf Ton und Musik: das Element von Frage und Antwort. Jedes Tier, das hinausschreit, erwartet eine Antwort. Ein Vogel, der zu jubilieren beginnt, wartet auf den anderen Vogel, der seinen Gesang aufnehmen und zurückgeben wird. Auch wenn der Mensch singt, hofft er auf einen Partner, und der Zauber des Duetts liegt in dem Vollzug von Geben und Nehmen.

Nach etwas fragen bedeutet ein verfeinertes Sich-Wünschen; das Antworten ist die subtilste Form, einen Kontakt herzustellen. In beiden Aktivitäten sind die intentionalen Eigenschaften der treibende Anlaß. Es sind Ton und Musik der Seele, welche handeln.

Für die höheren Sinne, die mehr mit der Wahrnehmung der Umwelt verknüpft sind, spielt das Objekt eine weit bedeutendere Rolle als das Verlangen danach. In Geruch und Geschmack ist die intentionale Seite der Seele viel stärker engagiert. Im Sehen und im Akt des reinen Hörens bleiben diese Eigenschaften im Hintergrund. Nur das Objekt ist es, worauf es ankommt, und nicht seine Verbindung zu uns. Doch ist es sehr selten, daß ein Objekt nur gesehen oder nur gehört wird. Wenn dies der Fall ist, sind wir nicht fähig, irgendeinen Kontakt zu solchem Bild oder Ton herzustellen.

In Verbindung mit den vorangegangenen Beschreibungen und Ausführungen können wir nun ersehen, wie tief unser Gefühls- und Sinnesleben die Struktur unserer Sinne durchdringt. Jede sinnliche Wahrnehmung ist von irgendeiner intentionalen Aktivität erfüllt, und es ist die intentionale Handlung unserer Seele, die die Sinneseindrücke mit uns selbst verbindet. Wir fühlen uns daheim in der Welt, die durch unsere Sinne enthüllt wird; aber dieses Heimatgefühl hat seinen Ursprung in der musikalischen Kraft unserer Seele. Die intentionalen Eigenschaften binden unsere Seele an Körper und Erde.

Auge und Ohr sind die beiden Hauptsinne, durch die wir der Umwelt begegnen. Keiner von den anderen Sinnen kommt ihnen gleich an Bedeutung und Fähigkeit. Die Unendlichkeit des räumlichen Universums wird durch das Auge gesehen. Die Stimme der Seele, ihre Intensität, ihre Größe, wird von den Ohren wahrgenommen, gehört. Zwei verschiedene Welten werden durch diese zwei Sinne eröffnet. Auge und Ohr selbst sind so verschieden wie die Welten, die sie erschließen.

Das physische Organ des Hörens ruht tief verborgen im Felsenbein. Das innere Ohr hat sich vollständig von der Oberfläche des Körpers zurückgezogen und fand einen Schutz, der gesichert und zuverlässig ist.

Gerade umgekehrt ist es mit dem Auge. Es liegt offen in einer Falte der Haut. Von da sieht es in die Welt. Ziemlich nackt, vielleicht sogar schamlos könnte man es nennen. Es hat nichts zu verbergen, sondern alles zu zeigen.

Die Welt, die wir sehen, zeigt uns ihre Oberfläche; das Reich, das wir hören, öffnet seine Tiefen. Daher ist unser Ohr im Innern versteckt und unser Auge an der Oberfläche. (Das äußere Ohr hat sehr wenig mit dem Sinn der Klangwahrnehmung zu tun; es ist nicht viel mehr als ein Wächter, der am Eingang zu dem verborgenen Sitz des inneren Ohres steht.)

Die Welt, die uns durch das Auge erscheint, ist ein Universum der Weite, der Farbe und Form. Es kann hell oder dunkel sein, dicht oder durchscheinend, trübe oder klar. Ein unübersehbares Schauspiel von unendlichen Möglichkeiten zeigt sich in der Sphäre selbst, in seiner wahren Realität niemals vom Auge wahrgenommen. Wir sehen die Taten und Leiden des unsichtbaren Lichtes, denn die Farben sind die aktiven und passiven Ausdrücke seines Wesens. Doch das Licht selbst wird nie gesehen. Es bleibt verborgen hinter dem Vorhang der Objekte in der Raumeswelt.

Der Ton dagegen kommt zum Vorschein. Er erscheint und möchte gehört werden. Der Ton ist niemals scheu wie das wahre Licht; als Stimme und Geräusch hat er ein aggressives Element in seiner Äußerungsform. Doch als Schall, als Lärm, als Geräusch überwältigt er unser geheiligtes Selbst in seiner friedvollen Existenz und kennt keine Grenze, an der er haltmachen sollte.

Das Auge ist offenbar, aber das Licht ist verborgen. Das Ohr ist verborgen, aber der Ton ist offenbar. Hier zeigt sich die Polarität von Ohr und Auge, aber auch von Licht und Ton. Das geöffnete Auge enthüllt die Umkleidung des verborgenen Lichts. Das verborgene Ohr enthüllt Ton und Stimme.

Wo können wir das wahre Licht suchen, das sich hinter Farbe und Form verbirgt? Wir erinnern uns, daß wir, als von der Natur des Schmerzes die Rede war, das «wahre» Licht entdeckten. Wir sprachen von den verschiedenen Gattungen des Schmerzes und erkannten diese als ein unendliches Spektrum von Farben:

«Schmerz ist nichts anderes als die generelle, die allgemeine Qualität aller anderen spezialisierten Sinneseindrücke. Hinter Blau und Gelb, Geruch, Geschmack, Tast- und Wärmeempfindung und all den verschiedenen Schattierungen und Tönen liegt eine einigende, allumfassende Kraft, die die Wahrnehmung von allen anderen ermöglicht.» Und wir identifizierten dieses Spektrum des Schmerzes mit dem Licht, das hinter aller Sinneswahrnehmung liegt. Wir entdeckten, daß «Schmerz Licht ist».

Es ist dasselbe Licht, das jedem unserer Sinne die Fähigkeit der Wahrnehmung verleiht. Es ist die Kraft, durch die wir «gewahr» werden können; gewahr werden eines Geruches, Geschmackes, eines Bildes, Tones, eines Dinges oder Wesens. Es ist die Fähigkeit unserer Seele, die ganze Umwelt zu spiegeln; die Eindrücke zu spiegeln und sie zu einem Teil unseres Selbst zu machen. Wenn ich eine Blume gewahre, ist sie, während ich sie ansehe, ein Teil meiner selbst; wenn ich eine Melodie höre, ist sie für diesen Augenblick sozusagen identisch mit meinem eigenen Sein. Diese Kraft der Wahrnehmung, ein Ding aufzunehmen und festzuhalten als Eindruck im Reich irgendeines der zwölf Sinne, wird dem wahren Licht verdankt, diesem unsichtbaren Licht, das hinter jedem Sinn liegt und ein uranfänglicher Teil meiner Seele ist.

Hier begegnen wir der Eigenschaft, die wir weiter oben als «transzendente Natur der Seele» bezeichneten. Wir charakterisierten sie in folgender Art: «Es ist die Fähigkeit, ‹der Welt innezuwerden und damit dem Seienden zu begegnen . . ., das nicht seinem Sein angehört, sondern ein schlechthin anderes darstellt›. Man muß eine deutliche Unterscheidung machen zwischen den intentionalen und den transzendenten Eigenschaften der Seele.»

Diese klare Unterscheidung ist erst jetzt verständlich, weil wir die intentionalen Eigenschaften als Ton und Musik erkannten und jetzt entdecken, daß die transzendente Fähigkeit identisch ist mit dem wahren Licht. Dieses wahre Licht ist die Schöpferkraft alles Raumes und aller Gestaltung außerhalb unserer Seele. In unserer Seele ist es die gestaltende Kraft, durch die die Bilder unserer Sinneswahrnehmungen zustande kommen. Dieses Licht ist der schaffende Maler, Bildhauer und Architekt unserer Wahrnehmungen und Begriffe. Sie sind die immer wieder erneute Schöpfung aus dem wahren Licht innerhalb unserer Seele.

Die Aktivität, die uns sehen oder riechen läßt, hören oder schmecken, ist intentionaler Natur. Das Entstehen von Impressionen und Bilden von Begriffen wird durch das transzendente Element möglich. So also ist der Akt des Riechens hervorgerufen durch die intentionale Eigenschaft; der Geruch selbst in all seinen verschiedenen Formen wird der transzendenten Natur verdankt, die unserer Seele innewohnt.

Dieses Ineinanderspiel, das die Zusammenarbeit und Inbeziehungsetzung von Ton und Licht ist, bildet den eigentlichen Hintergrund unserer Sinnesfunktion. Die aktive intentionale Kraft durchtönt den gegenwärtigen Eindruck, und die transzendente Eigenschaft zeichnet oder malt ihn und hält ihn für eine Weile fest.

Je höher wir in die Sphäre der zwölf Sinne aufsteigen, desto näher kommen wir dem Bereich, wo das «wahre» Licht vorherrscht. Wir sehen, daß in der Region der körperlichen Sinne die intentionalen Eigenschaften besonders stark sind. In den höheren Sinnen ist die intentionale Eigenschaft mit dem transzendenten Element in einer Art Gleichgewicht. Besonders in Geruch und Geschmack ist dieses Gleichgewicht hergestellt. Im Sehsinn überwiegt das transzendente Element bei weitem die intentionale Eigenschaft.

In den drei höchsten Sinnen – dem Wortsinn, Gedankensinn und Ich-Sinn – ist das wahre Licht eine allesdurchdringende Kraft. Hier erscheint es in seiner Glorie. Wie die Sonne den Morgennebel durchdringt und allmählich das Gewölk der Nacht zerstreut, so durchleuchtet das Licht der Seele die Sphäre der höchsten Sinne und läßt Ton und intentionale Eigenschaft hinter sich in den Tiefen der anderen Sinne. Im Wortsinn und Gedankensinn bleibt kaum ein Schatten von Wunsch und Verlangen zurück. Ihre Wahrnehmungen sind frei von Sinneseigenschaften. Keine Farbe, kein Ton, Geruch oder Geschmack findet hier noch Eingang. Nur die reine Form von Begriffen und Ideen bleibt, und diese besteht aus Licht – Licht, das nicht mehr von irgendeiner anderen Eigenschaft durchsetzt ist.

In den höchsten Sinnen ist die Seele durchdrungen vom Geist des höheren Selbst, und dieser Geist urständet in der Region des reinen Lichtes. Hier erscheint der tonlose Charakter des Wortes. Dessen schweigendes Wesen ist der wahre Name, und dieser Name trägt in sich selbst das Element der «Erkenntnis». Mit dem Wortsinn erfassen wir das schweigende Wort in der Umhüllung der Stimme. Der Gedankensinn erlebt das schweigende Wort in der Form des Namens; jetzt ist das Wort frei von der Umhüllung des Tones und erscheint in seiner eigenen Verklärung. Wir nehmen seine Erscheinung wahr. Und mit dem Ich-Sinn begegnen wir dem Wesen selbst; wir begegnen dem Selbst unmittelbar und nicht mehr nur seinem Namen.

Wort, Name und Selbst werden durch die drei höchsten Sinne enthüllt. Es ist das «reine» Licht, der Urgrund der transzendenten Natur der Seele; doch dahinein strahlt der Geist mit seiner Macht. Diese Macht des Geistes ist die Kraft, durch die wir die Gabe erhalten «zu erkennen». Diese Gabe gehört nicht der Seele an. Die Seele kann erinnern; sie hat die Kraft, vermittels ihrer transzendenten Natur die Bilder von Begriffen und Ideen zu schaffen. «Erkennen» jedoch ist viel mehr als wahrnehmen. «Erkennen» heißt verstehen, identifizieren; es ist die königliche Kraft des Menschen.

Zwölf ist die Zahl unserer Sinne, die uns die Eindrücke der drei Existenzbereiche vermitteln. Die vier niederen Sinne verbinden uns mit unserer Leibesnatur. Unsere Seele ist durch den Tastsinn, Lebens-, Bewegungs- und Gleichgewichtssinn an unsere irdische Wohnstatt, an den Leib, gebunden. Die vier höheren Sinne offenbaren die Welt um uns. Das Auge öffnet sich der Weite des Raumes, während Geruch, Geschmack und Wärme und Kälte unseren Leib gleich Boten der Außenwelt durchdringen. Die vier höchsten Sinne bringen uns Zeichen aus dem Land des Geistes. In Ton und Musik lauschen wir den inneren Bewegungen der Menschenseelen und der Tiere, der Pflanzen und Elemente. Wenn der Ton sich zur Stimme verwandelt, erscheint uns das Wort, und im Wort offenbart sich der Name, hinter welchem sich das Wesen begegnen läßt.

In solcher Weise – von unten nach oben – teilen sich die Sphären der ganzen Schöpfung unserer Seele mit. Und die Seele durchdringt alle Sinne mit Klang und Licht. Diese beiden Kräfte sind die Werkzeuge der göttlichen Schöpfung nach innen und außen.

Klang und Musik durchdringen den Menschen, insoweit er ein Sohn der Erde ist: Ein Wesen mit Furcht und Scham, Zorn und Freude, Liebe und Haß; ein Menschenwesen, welches leidet und erträgt, von Geburt zum Tode wandert und das Joch seines Schicksals tragend.

Licht und Farbe, Einsicht und Erkenntnis erheben den Menschen über seine irdische Existenz; sie eröffnen ihm eine himmlische Aussicht auf seine frühere Heimat. Das Licht erinnerte die menschliche Seele an das Haus des Vaters, das wir verlassen haben, und daran, daß es noch immer über uns schwebt; so daß wir – verlorene Söhne – es wieder erreichen können. «Zu wissen» ist ein Versprechen, welches in unsere Hände gelegt wurde. Es kann entfacht und als Erkenntnisflamme in das Land seiner Herkunft zurückgetragen werden.

«Wissen» ist das Brot, das wir aus dem Korn backen, welches im Licht des Geistes in unserer Seele erwächst. Unsere schöpferischen Gedanken sind die reifenden Körner, die uns mit dem Brot der Erkenntnis versorgen.

«Leben» ist der Wein, welcher gärt und reift durch die geduldigen Tragekräfte unseres Schicksals. Der Klang und die Musik unserer Taten und Leiden, die Stimme unseres Gewissens und das Erklingen unseres ehrfürchtigen Glaubens bringen den Wein in der Wildnis unseres Lebens zur Reife.

Christus gab sein Blut und seinen Leib, um das Brot und den Wein des Menschen zu taufen. Durch sein Opfer erhielten wir die Möglichkeit, in Seinem Namen das Brot zu essen und den Wein zu trinken und dadurch an Seinem Wesen teilzuhaben. In Seinem Namen «zu wissen», ist das Ziel des Menschen auf Erden. Durch Brot und Wein ist er wieder instand gesetzt, das Tor seines Hauses zu öffnen, welches ihm die zwölf Sinne als irdische Wohnstatt für seine Seele erbaut haben.

Durch dieses Tor betreten wir ein neues Gebiet der Existenz, wir setzen unseren Fuß in das Reich Gottes. Da begegnen wir dem göttlichen Glanz des wahren Lichtes, in welchem der Logos selbst wohnt – das Wort, aus dem die Kraft «zu wissen» in den Menschen strahlt.

Bilder erscheinen nun. Die Seele spricht zu sich selbst, nennt ihren Namen, beschreibt ihr Wesen. Die Seele beginnt zu verstehen, daß Licht und Ton, Brot und Wein ihres Lebens, die geheiligten Werkzeuge für das Sein des Geistes sind.

VII. Das Problem des Bewußtseins

Die Frage: Was ist Bewußtsein? ist eine der grundlegendsten im Bereich der Erforschung des Menschen. Es ist nicht nur eine Frage auf psychologischem Gebiet; schon vor langer Zeit haben Philosophen die Natur des Bewußtseins zu erfassen versucht, ohne jedoch eine passende Antwort zu finden, und die moderne Anthropologie hat diese Frage erneut aufgeworfen.

Während des letzten und jetzigen Jahrhunderts hat die Psychologie absichtlich dieses Problem übersehen. Wenn William James über die Tatsache des Bewußtseins sprach, beschrieb er es als «nicht mehr denn eben einen Gedankenstrom» oder als das Erlebnis: «Der Gedanke geht kontinuierlich weiter.» Er sagte sogar, subjektives Bewußtsein «ist der Name für eine nicht existierende Entität und hat keinen Anspruch auf einen Platz unter den Urprinzipien»[53]. In einem späteren Aufsatz mit dem Titel «Gibt es ein Bewußtsein?» verneint er kurzerhand dessen Existenz.

Einige Jahre später erklärte Watson, der Begründer der psychologischen Schule der Verhaltensforschung, mit Nachdruck: «Die Zeit ist gekommen, in der die Psychologie jeden Hinweis auf das Bewußtsein fallen lassen muß und sich nicht länger verleiten lassen darf, geistige Zustände zum Objekt der Beobachtung zu machen; ihre einzige Aufgabe ist, das Verhalten zu bestimmen und zu kontrollieren; und Selbstbeobachtung kann an dieser Methode keinen Anteil haben[54].» Das ist eine klar umrissene Feststellung. Sie verkündet die *Nicht-Existenz des Bewußtseins*, weil diese nur durch Selbstbeobachtung wahrgenommen werden kann. Die letztere soll jedoch in der modernen Psychologie als Forschungsmethode nicht angewandt werden. Selbstbeobachtung ist subjektive Forschung, nicht objektives Instrument in der Hand des Naturwissenschaftlers. Zweifellos ist es Ansichtssache, ob Selbstbeobachtung ein geeignetes Forschungsmittel ist oder nicht. Das Bewußtsein ist nichtsdestoweniger eine Tatsache, und wenn es nur durch Selbstbeobachtung erfaßt werden kann, muß dieser Weg eingeschlagen werden, um es zu erforschen. William James so gut wie John B. Watson wären nicht imstande gewesen, das Bewußtsein abzuleugnen und es vom Felde der Psychologie zu verweisen, *wenn sie nicht selbst bewußt gewesen wären.* Ohne Bewußtsein können solche Feststellungen nicht gemacht werden.

In der Tat sind Feststellungen überhaupt nicht möglich ohne Bewußtsein, weil der größere Teil unseres täglichen geistigen Lebens auf unserem Bewußtsein beruht. Jeder Mensch, wenn er entweder allmählich oder plötzlich am Morgen aufwacht, tritt in einen bewußten Zustand ein. Er wird die umgebende

[53] Zitat aus J. Purdon Martin: «Consciousness and its Disturbances», The Lancet, Nr. 1. Vol. 1., 1949.

[54] Zitat aus Cyril Burt: «The Concept of Consciousness», British Journal of Psychology, Vol. 1, 1949.

Welt gewahr; er erkennt seine Umgebung und gewinnt Bewußtsein von sich selbst. Diese grundlegende Tatsache des menschlichen Lebens und der menschlichen Existenz zu leugnen oder beiseite zu schieben, würde bedeuten, den größeren und vielleicht bedeutungsvollsten Teil der menschlichen Psyche herauszuschneiden. Ungeachtet der Tatsache, daß niemand außer mir selbst über meinen bewußten Geisteszustand etwas wissen kann, ist diese Erkenntnis nichtsdestoweniger eine Realität. Und wir sollten uns gleich anfangs unserer Forschung klar sein, daß das Bewußtsein eine rein innere Erfahrung ist, zugänglich nur der Selbstbeobachtung.

Es ist das «Ich», das weiß: ich bin mir bewußt, aber ich kann mit ziemlicher Berechtigung annehmen, daß andere Menschen auch Bewußtsein haben. Die Art, wie sie sprechen und sich verhalten, wie sie handeln und reagieren, gibt mir die Sicherheit, daß sie so bewußt sind wie ich selbst. Obwohl die Bewußtheit eine subjektive Erfahrung ist, erfaßt sie alle unsere anderen Erlebnisse. Wenn ich in mich hineinschaue, kann ich das nur tun, weil ich bewußt bin. In dieser Bewußtseinssphäre erlebe ich zu gleicher Zeit die umgebende Welt, die Wesen und Dinge, meine Erinnerungen und meine Gefühle, meine Triebe und meine Worte. Das Bewußtsein ist die Arche, in der ich lebe.

Sobald wir das Problem des Bewußtseins zu erforschen beginnen, stehen wir vor der nicht zu bestreitenden Tatsache, daß es rein subjektives Erlebnis ist. Wenn wir uns anderen Dingen zuwenden, nehmen wir es einfach als selbstverständlich hin, daß wir ihnen mit Bewußtsein begegnen und sie erforschen. Wenn wir die Natur von Licht und Ton untersuchen oder chemische Zusammensetzungen oder organische Formen erforschen, können wir es nur bewußt tun. Wir nehmen den Zustand des Bewußtseins ohne jede weitere Diskussion als gegeben an. In ähnlicher Art akzeptieren wir die Gültigkeit des Denkens, so lange nicht die Natur des Denkens selbst Gegenstand unserer Forschung ist.

Es gibt einen gemeinsamen Faktor, der sowohl der Qualität des Denkens wie der Tatsache des Bewußtseins angehört. Beide sind die verstandesmäßige Grundlage für jede Art der Erkundung oder Erforschung der Natur von Mensch und Universum. Rudolf Steiner unternahm es, die Verbindung zwischen Bewußtsein und Denkvorgang zu klären. Er sagt: «Ich habe bisher von dem Denken gesprochen, ohne auf seinen Träger, das menschliche Bewußtsein, Rücksicht zu nehmen. Die meisten Philosophen der Gegenwart werden mir einwenden: bevor es ein Denken gibt, muß es ein Bewußtsein geben. Deshalb sei vom Bewußtsein und nicht vom Denken auszugehen. Es gebe kein Denken ohne Bewußtsein. Ich muß dem gegenüber erwidern: Wenn ich darüber Aufklärung haben will, welches Verhältnis zwischen Denken und Bewußtsein besteht, so muß ich darüber nachdenken. Ich setze das Denken damit voraus[55].»

Aus diesen wenigen Sätzen ist zu entnehmen, wie eng die Verbindung ist

[55] Rudolf Steiner: «Philosophie der Freiheit», (1894), GA Bibl. Nr. 4.

zwischen Denken und Bewußtsein. Weiter sagt Rudolf Steiner: «Man kann natürlich das Denken nicht entstehen lassen, ohne vorher das Bewußtsein zustande zu bringen.» Und wir können hinzufügen: Obwohl das Bewußtsein etwas ist wie die Mutter des Denkens in der Evolution des Menschen und des Universums, so ist doch nur dem Sohn der Prozeß des Denkens gegeben, des Verstehens und des Erkennens der Mutter – nämlich der Sphäre des Bewußtseins.

Auf diese Weise wird das Bewußtsein plötzlich zu einer der ursprünglichen Daseinskräfte unserer ganzen Existenz. Was wären wir ohne Bewußtsein? Könnten wir uns überhaupt entwickelt haben ohne den Samen des Bewußtseins in uns? Man könnte sogar einen Schritt weiter gehen und fragen: Läßt sich irgendein lebendes Wesen denken ohne einen bestimmten Grad von bewußtem Erleben? Und wenn wir uns diese Frage vorlegen, beginnen wir zu begreifen, daß es verschiedene Bewußtseinsstufen geben muß und nicht nur die eine, die wir gewöhnlich meinen, wenn wir von «Bewußtsein» sprechen. Wir beziehen uns dabei auf den gewöhnlichen Wachzustand, den wir während des Tages haben. Aber während des Schlafes, wenn wir träumen – ist das nicht auch ein Zustand des Bewußtseins?

Ich erwähne diesen Punkt bereits im Hinblick darauf, damit wir gewahr werden können, wie mannigfach und verschiedenartig und wie allumfassend unser Bewußtsein ist. Es ist kein «Nicht-Existierendes», wie William James meinte. Es ist eine der Grundlagen alles Daseins. Und das Bewußtsein ist so allgemein, so selbstverständlich, so sehr Tatsache, daß es kaum möglich ist, es in angemessener Weise zu definieren. Viele Menschen, die über Bewußtsein sprechen, nehmen ganz einfach an, daß jeder Mensch auf irgendeine Weise versteht, was gemeint ist, wenn man das Wort gebraucht.

Sir Russel Brain z. B. begann einen Vortrag über «Bewußtsein und Gehirn» vor einer internationalen Zuhörerschaft mit folgenden Worten: «Ich beginne, indem ich voraussetze, daß wir alle im großen und ganzen wissen, was man unter Bewußtsein versteht . . . Somit erklären wir, daß bewußt sein heißt, die Dinge gewahr zu werden, mögen sie Objekte außerhalb unser selbst sein oder unsere eigenen Erinnerungen, Gedanken und Gefühle. Darüber hinaus beziehen wir uns bewußt auf die Dinge, ob unsere Aufmerksamkeit auf sie gerichtet oder von ihnen abgelenkt ist. Schließlich betätigen wir bewußt unseren Willen und unser Handeln in bezug auf Objekte[56].»

Mit diesen wenigen Sätzen ist der Versuch gemacht, das Bewußtseinsfeld zu beschreiben und zu umreißen. Die Beschreibung kann zwar nicht viel helfen, weil das Hauptwort «Bewußtsein» mit dem Adjektiv «bewußt» zusammengeworfen wird; das letztere hat aber eine ganz verschiedene Bedeutung und drückt eine Richtung aus. Sich bewußt sein heißt, Bewußtsein haben von etwas, zu etwas oder zu jemandem hingerichtet sein, während «Bewußtsein» ein Reich

[56] Aus: «Bewußtseinsstörungen», Symposium 10.–12. Januar 1961, Stuttgart 1961.

des Seins ist und nicht eine Tätigkeit des Individuums selbst. In vorangegangenen Absätzen beschrieben wir die intentionale Eigenschaft der menschlichen Seele; das Adjektiv «bewußt» ist eng mit dieser Eigenschaft verknüpft. Das Bewußtsein ist ein Bereich, eine Sphäre des Seins, ein Feld des Erlebens, in dem alles vorgeht, dessen wir uns bewußt werden. Das gesamte Zeit-Raum-Erleben unseres Daseins zieht sich ununterbrochen durch das Feld bewußter Erfahrung hindurch, vom Morgen bis zum Abend. Aber was geschieht mit dem Bewußtsein, wenn wir einschlafen?

Die verschiedenen Formen des Bewußtseins

Purdon Martin versuchte 1947 in seinen «Lumleian Lectures», an das Problem des Bewußtseins vom Standpunkt des erfahrenen Neurologen heranzugehen. In seinem Versuch, den Zustand des Bewußtseins zu definieren, geht er einen beachtlichen Schritt über Russel Brain hinaus. Er sagt: «Ich gebrauche das Wort, um ein Wahrnehmen des eigenen Selbst und der Umwelt zu definieren, obwohl ich gut weiß, daß diese Definition viele Fragen aufwirft.» Martin ist sich also der Tatsache wohl bewußt, daß «Selbsterkenntnis», das Bewußtsein seiner selbst, eines der wichtigsten Anzeichen unseres gewöhnlichen Bewußtseinszustandes ist. Er fährt dann fort: «Es ist nicht nur so, daß ich meiner selbst bewußt werde als einer Person, deren Anwesenheit und Handlungen in der Umwelt sichtbar werden, sondern auch, daß ich ein Gefühl dafür habe, ‹ich› werde mir bewußt; daß ich weiß, daß ich bin, und daß ich sehe und fühle und handle. Dieses Gefühl (ich, der Wissende) bedeutet ‹das wahre Selbst›, wie Hughlings Jackson es ausdrückt.»

Im Bereich des Bewußtseins erlebe ich nicht nur meine Umwelt; ich werde mir auch meines Körpers bewußt, der in die umgebende Welt eingegliedert ist, zu der aber mein Selbst eine bestimmte Beziehung hat. Außerdem bin ich mir meiner geistigen Erfahrungen bewußt und habe in diese geistigen und Sinneserfahrungen das feste Wissen einverwoben, daß ‹ich, der sich selbst bewußt ist›, das Zentrum im Wirrsal der Ereignisse darstelle. Dieses zentrale Erlebnis ist der Ariadne-Faden, mit dessen Hilfe ich meinen Weg durch das Labyrinth des Minotaurus finden kann, das Labyrinth, welches das Netz der Erfahrungen im Bereich des Bewußtseins darstellt.

Jeden Abend, wenn ich schlafen gehe, entschlüpft dieser Faden meinen Händen und ist scheinbar verloren. Doch jeden Morgen kommt er zurück, wunderbarerweise und ohne mein Zutun, und ich kann ihn ergreifen wie am vorhergehenden Tag. Ist es gerechtfertigt zu sagen, daß wir unser Bewußtsein verlieren, wenn wir einschlafen? Oder wäre es richtiger zu erklären, daß wir von einer Form des Bewußtseins in die andere übergehen? Kann man den Schlaf eine andere Form des Bewußtseins nennen? Und wenn ja – widerspricht solche Behauptung der eigentlichen Bedeutung des Wortes?

Im Laufe dieses Jahrhunderts haben wir gelernt, viel vom «Unbewußten» zu sprechen. Die Psychoanalyse sowohl wie die aktive Psychotherapie haben uns gelehrt, daß das Reich des Unbewußten nicht nur eine leere Sphäre ist, ein Nichtexistentes, sondern gerade das Gegenteil. Wir wissen, daß darin ununterbrochene Aktivität herrscht und daß eine ganze Anzahl von geistigen Kräften in dieser Sphäre fortdauernd am Werke ist. Das Unbewußte ist zu gewissen Zeiten aktiver als das Gebiet unseres Tagesbewußtseins. Es versieht uns mit vielen Problemen, verschafft aber auch viele Lösungen, und beide, der bewußte Bereich wie der unbewußte, arbeiten Hand in Hand; ein dauerndes Ineinanderspiel verbindet eines mit dem andern.

Ist es erlaubt, das Unbewußte eine Sphäre ohne Bewußtsein zu nennen? Wäre es nicht viel richtiger zu sagen, daß es ein Bereich von andersartiger Bewußtseinsform ist? Es ist eine Sphäre des Unbewußtseins nicht aus dem Grunde, weil es etwa kein Bewußtsein hat, sondern weil es für gewöhnlich dem eigenen Selbst nicht so bewußt wird wie der gewöhnliche Bewußtseinsbereich.

Ist nicht das Reich des Schlafes eine ähnliche Sphäre? Bringen wir nicht die Erlebnisse des Traumes aus dieser Sphäre zurück? Werden nicht oft bestimmte Probleme, für die wir während des Tages keine Lösung finden können, «über Nacht» gelöst? Der Schlaf ist ein Zustand des Unbewußtseins, dennoch enthält er eine Form des Bewußtseins, die wir in Betracht ziehen müssen.

Wenn wir versuchen, den augenscheinlichen Unterschied zwischen Schlafen und Wachen zu verstehen, und wenn wir beiden Zuständen eine Art von Bewußtsein zuschreiben, wäre es möglich, in dieses rätselhafte Feld unseres Daseins Ordnung und Klarheit zu bringen. Es wäre unrichtig, die Dinge zu vereinfachen, indem man sagte: Wir sind bewußt, wenn wir wachen, und unbewußt, wenn wir schlafen. Mit solchem Ausspruch würden wir z. B. die ganze Traumwelt ausschließen, denn wir sind bewußt, wenn wir träumen. Jedoch: Es ist eine ganz andere Form des Bewußtseins gegenüber jener des Tages. Wir würden auch die vielen dumpfen Erlebnisse ausschließen, die wir während des Schlafes haben; Erlebnisse, die uns jeden Morgen mit moralischen Werten und entschiedenen Überzeugungen versehen, zu denen wir während der Nacht gekommen sind.

Purdon Martin versucht, den Unterschied zwischen den verschiedenen Bewußtseinszuständen durch klinische Erfahrungen zu finden, und zählt vier Gruppen auf: «Wenn wir die sich ineinander schiebenden Randerscheinungen weglassen», sagt er, «so können wir die Bewußtseinszustände, die wir bei unseren Patienten beobachten, in vier Gruppen einteilen: 1. Der normale Zustand, in dem der Mensch empfänglich ist und auf seelische Anreize reagiert und durch sein Verhalten zeigt, daß er die gleiche Wahrnehmung seiner Umgebung hat wie wir selbst. 2. Der Schlaf, ein Zustand des Untätigseins, aus welchem er erweckt werden kann und dann seinen normalen Zustand wieder annimmt. 3. Ein Zustand der Unbewußtheit, in welchem er in tiefem Schlaf scheint, aber nicht zum normalen Bewußtsein erweckt werden kann. 4. Ein weit weniger bekannter Zustand oder eine Gruppe von Zuständen, in welchem der Patient wach ist und aktiv, doch zu erkennen gibt, daß er nicht vollständig – wenn überhaupt – seiner selbst und seiner Handlungen bewußt ist, und von welchem er hinterher keine Erinnerung hat.»

Wenn wir diese vier Gruppen in Erwägung ziehen, können wir für unsere gegenwärtigen Auseinandersetzungen den vierten Zustand auslassen, weil er ein krankhafter ist. Er ist in sich selbst sehr weitverzweigt und hochinteressant, aber es ist kein normaler Bewußtseinszustand. Dagegen hat Purdon Martin den Traumzustand nicht in sein Schema einbezogen. Er sagt ganz einfach: «Der Traum ist eine andere Abweichung des Schlafzustandes.» Diese zwei Bewußtseinszustände durcheinanderzuwerfen, ist nicht gerechtfertigt, weil unsere Erfahrungen, wenn wir träumen, sich von denen des Schlafzustandes unterscheiden. Wir können unter normalen Umständen keine Erinnerungen aus dem Schlaf heraufholen, während wir uns oftmals unserer Träume erinnern und auf sie eingehen können.

Wir schlagen deshalb vor, unter normalen Umständen vier verschiedene Bewußtseinszustände zu unterscheiden:

1. Gewöhnliches Tagesbewußtsein
2. Traumbewußtsein
3. Schlafbewußtsein
4. Tiefschlafbewußtsein.

Dabei ist zu bemerken, daß es keine scharfen und festen Grenzen zwischen diesen vier Zuständen gibt, aber daß gradweise Verschiedenheiten von dem einen in den andern hinüber- und wieder zurückführen.

Wir müssen ferner beachten, daß es nicht möglich ist, aus dem 1. Zustand über den 2. in den 3. überzugehen. Träume sind die subtile Brücke zwischen Schlafen und Wachen. In analogischer Art gehen wir durch den gewöhnlichen Schlaf hindurch, bevor wir in den Zustand des Tiefschlafs übergehen.

Jeder der vier Bewußtseinszustände hat die Möglichkeit, in pathologische Zustände überzugehen. Wenn ein Mensch beispielsweise so herausgehoben ist, daß er nicht mehr die Realität des Lebens erfaßt und sich selbst für den zentralen Beweger alles Seins hält, ist sein Bewußtsein viel ausgedehnter und klarer als im gewöhnlichen Tagesbewußtsein. Wir nennen diesen Zustand eine Manie oder manisch. Das Umgekehrte ist die Depression oder der depressive Zustand, wenn der Bereich des Tagesbewußtseins bedeutend verengt ist und wenig mehr enthält als die Selbst-Wahrnehmung, begleitet von tiefer Melancholie. Der Schlafzustand kann z. B. auch krankhafte Formen annehmen. Manche Menschen nehmen am Morgen zwar ihren Wachzustand auf und schlafen doch für das

Bewußtsein ihrer selbst. Sie sind immer noch schlafend und unbewußt[57], obwohl sie in gewissen Bereichen ihres Seins wach sind. Der Tiefschlafzustand kann in den pathologischen Zustand des Koma übergehen, der äußerstenfalls zum Tode führt.

Somit haben wir ein Spektrum des Bewußtseins gefunden. Vom Licht des Tagesbewußtseins führt es über die farbige Traumwelt zu den Schatten des Schlafes und schließlich zu der Finsternis des Tiefschlafes und des Koma. Der Schwerpunkt unserer Ausführungen liegt auf dem Wissen, daß das Bewußtsein kein leicht durchschaubares Feld darstellt, sondern eine weithin verzweigte Welt verschiedener Bewußtseinsgrade. Wir stimmen deshalb mit der Behauptung Hallowell Davies' überein, die er folgendermaßen formulierte: «Das Bewußtsein ist sicher nicht etwas Ganzes oder Einschichtiges. Es ist bestimmt graduell verschieden. Es reicht vom Koma an seinem äußersten Ende durch die Traumschwelle zur Schlaftrunkenheit bis zur Wachsamkeit, zur vollen Aktivität, zum schöpferischen Denken, zur Hyperaktivität und vielleicht zur Ängstlichkeit[58].»

Wachheit und Bewußtseinsformen

Wir sprechen von Wachheit, weil dieses Wort am besten den Zustand bezeichnet, der das Gegenteil des Schlafzustandes ist. Wir haben das Bewußtsein als einen Zustand bezeichnet, der vom Koma bis zur tätigsten Wachheit reicht; wir brauchen nun ein Wort, um den Zustand des gewöhnlichen Tagesbewußtseins zu bezeichnen. «Wachheit» wurde als Bezeichnung bereits vor mehreren Jahren in einem sehr interessanten und wichtigen Beitrag gebraucht.

Dieser Beitrag erschien in einer holländischen philosophischen Zeitschrift und wurde später in einer Aufsatzreihe nachgedruckt. Der Autor namens Strauss sagt: «Für die Hauptworte ‹Schlaf› und ‹Traum›, für die Zeitworte ‹schlafen› und ‹träumen› gibt es keine Worte von entgegengesetzter Bedeutung. Offensichtlich wird im täglichen Leben keine Notwendigkeit für ein besonderes Wort empfunden, um eine Seinsweise zu beschreiben, die ja auf alle Fälle eine unentbehrliche Bedingung für jede Darstellung und jedes Gespräch ist.»

So also wurde das Wort Wachheit eingeführt.

Wenn wir den Zustand der Wachheit vergleichen mit dem Schlafzustand oder Traumzustand, entdecken wir einen fundamentalen Unterschied. Wenn ich wach bin, kann ich auf meine Träume zurückschauen, kann zuweilen ihren Inhalt zurückrufen und ihre Bedeutung interpretieren. Umgekehrt, während ich träume, bin ich ganz unfähig, aus diesem Traum heraus über meine Wachheit nachzudenken. Gewöhnlich bin ich zur Gänze an die Traumwelt hingegeben;

[57] Dieser Zustand entspricht der vierten, von Purdon Martin beschriebenen Gruppe.
[58] Hallowell Davies: «The Problem of Consciousness.» A paper read at the first international symposium on submarine and space medicine in 1958, New York 1962.

ich bin ein Teil von ihr. Sobald ich anfange, über den Traum nachzudenken, fange ich schon an aufzuwachen. Strauss macht daher die ganz zutreffende Bemerkung: «Wir beschreiben den Traum sozusagen von außen, aber wir können unsere ‹Wachheit› nicht von außen anschauen. Da ist kein weiteres Zurückziehen möglich. Das Verständnis der Wachheit muß eigentlich in der Wachheit selbst enthalten sein[59].»

Damit gewinnen wir eine Einsicht in die Beziehung der verschiedenen Bewußtseinszustände untereinander, die uns vielleicht helfen kann, das ganze Problem besser zu verstehen. Wenn ich meine Träume von außen anschauen kann, sobald ich wach bin, wäre es nicht denkbar, daß ich in ähnlicher Weise meinen Schlaf anschauen könnte, wenn ich träume? Daß also der höhere Bewußtseinszustand immer den tiefer stehenden einschließen würde? Während des Schlafes betrachte ich den Zustand des Tiefschlafes von außen. Während meines Träumens bin ich irgendwie meines Schlafes bewußt. Und während der Wachheit schaue ich zurück sowohl auf meinen Schlaf wie auf meinen Tiefschlaf.

In der Sphäre der Wachheit sind alle anderen Formen des Bewußtseins inbegriffen. Aber die Wachheit selbst kann ihrerseits nicht von außen, von einem noch höheren Bewußtseinszustand, auf unsere Wachheit niederschauen. Sie kann sich nur von innen erfassen. Andererseits kann die Wachheit sich ihrer Träume bewußt sein, kann über ihren Schlaf und Tiefschlaf etwas wissen. So scheinen die vier Bewußtseinszustände ineinandergeschoben zu sein.

Auf diese Weise ist ein Zustand aufgedeckt, den wir mit der Gesetzmäßigkeit der Raumesdimensionen vergleichen können. Die eindimensionale Gerade ist in der zweidimensionalen Ebene enthalten, und die letztere ist in dem dreidimensionalen Raum enthalten und von ihm umschlossen.

Ein Wesen, das im eindimensionalen Raum einer Geraden leben würde, könnte nie mehr als die Gerade wahrnehmen. Es könnte sich vor und zurück bewegen, wäre aber an die Gerade gebunden. Ein Wesen, das in der Dimension einer Ebene lebt, hätte die Möglichkeit, die Geraden wahrzunehmen, aber nicht den dreidimensionalen Raum rundum. Und nur der Bewohner einer dreidimensionalen Ausdehnung kann ebensogut auf Ebenen und Geraden und Punkte hinsehen.

Kann man diesen Vergleich zwischen den Bewußtseinszuständen und den drei Dimensionen des Raumes noch weiter verfolgen und beide zueinander in Beziehung setzen? Man ist versucht sich vorzustellen, daß Wachheit im Bewußtseinsbereich dem dreidimensionalen Raum verglichen werden könnte. Der Traumzustand würde dann dem zweidimensionalen Raum der Ebene entsprechen und der Schlafzustand der eindimensionalen Geraden. Hat dieser Vergleich mehr als ein Körnchen Wahrheit? Mehr als eine Übereinstimmung logischer Gesetzmäßigkeit?

[59] Erwin Strauss: «Psychologie der menschlichen Welt», Berlin 1960.

Strauss kommt in der oben erwähnten Zeitschrift zu einer grundlegenden Einsicht, die er folgendermaßen formuliert: «Sobald wir vom Schlaf erwachen, können wir aufstehen. Aufzustehen heißt, sich gegen die Schwerkraft zu erheben. Indem wir unsere Körperlichkeit erleben, sind wir gebunden – aber nicht gefesselt – durch die Schwere. Im Erlebnis unserer Schwere sehnen wir uns nach Leichtigkeit und Auftrieb ... Im Gegensatz zur Erde und zum anderen erlebe ich mich selbst und das, was am wahrhaftigsten mein eigen ist, meinen Körper. Die teilweise Eroberung der Schwerkraft, die uns über den Boden erhebt, ist eine Bestätigung unserer Monaden-Existenz, gibt uns Bewegungsfreiheit ... Durch unsere Schwere sind wir an das ‹Hier› gebunden; durch unsere Bewegungsfähigkeit, die Möglichkeit, die Schwerkraft zu überwinden und uns zu bewegen, sind wir potentiell ‹Dort› ... im Wachzustand sind wir im lästigen Kontinuum des Hier und Jetzt gehalten, wo das Pendel durch Sekunden und Minuten schwingen muß, wo Folge Konsequenz bedeutet[59].»

Es ist von größter Wichtigkeit, mit Strauss zu entdecken, daß die Wachheit eng mit der Bewegungsfähigkeit verbunden ist und mit der Möglichkeit, die Schwerkraft zu überwinden. Dies ist jedoch nur möglich, wenn wir Meister unseres dreidimensionalen Körpers sind. Es ist unsere Physis, die uns fähig macht, uns zu bewegen, den «anderen» zu begegnen und den Raum um uns zu überwinden. So sind Wachheit und Überwindung des Raumes durch unsere Bewegungsfähigkeit intim miteinander verwandt.

Das Kleinkind, das sich am Ende des ersten Lebensjahres die Fähigkeit erwirbt, aufrecht zu stehen, erobert den Raum nicht nur, indem es lernt, die Schwerkraft zu handhaben. Dieses Kind hat auch gelernt, dem «anderen» gegenüberzutreten und sich dadurch als ein Wesen zu erheben, das sich von der umgebenden Welt unterscheidet. In diesem Augenblick beginnt der Zustand der Wachheit. Aufrechte und Wachheit sind intim miteinander verbunden und beide sind bezogen auf den dreidimensionalen Raum.

Wenn wir uns schlafen legen, geben wir unsere Aufrechte auf und vertrauen unseren Körper den Kräften der Schwerkraft an. Der Boden oder das Bett oder welche Unterlage immer trägt unser Gewicht. Wir heben sie nicht hoch durch unsere eigene Aufrechte. Wir sinken hinunter und liegen flach auf einer Ebene. Wir gehen von unserer Stellung im dreidimensionalen Raum über in eine fast zweidimensionale Lage. Und jetzt fangen wir an zu träumen. Strauss stellt am Ende seiner Überlegungen fest: «Im Wachzustand können wir mit uns selbst und mit anderen in Verbindung stehen. Der Träumer ist in seiner Traumwelt allein. Niemand anderer kann eindringen, noch kann der Träumer sie verlassen[59].»

Der Träumer ist, obwohl seiner selbst bewußt, stärker in seine Erlebnisse einverwoben als der Wachende. Der Träumer ist den dramatischen Erlebnissen um ihn herum hilflos ausgeliefert. Bild folgt auf Bild, und er, der Träumer, ist ein Bild unter anderen Bildern. Wann immer er zu entrinnen versucht, ist seine

Anstrengung vergeblich, wenn er nicht schließlich aufwacht. Solange er träumt, ist er ganz unfähig, aus seinen Träumen auszusteigen, er ist an die zweidimensionale Sphäre seines Traum-Bewußtseins gebunden. Es ist eine Ebene voll von Bildern, in der der Träumer sich bewegt. Auf dieser Ebene können sich wunderschöne Welten spiegeln und himmlische oder höllische Phantasien können auftauchen. Aber Träume sind nie mehr als ein Spiegelbild, eine Fata Morgana, ein Bild. Es ist die Ebene des Spiegels, auf der die Traumerlebnisse erscheinen; es sind reflektierte Bilder, aber keine dreidimensionalen Wirklichkeiten.

Wenn im Reich des Schlafes die Traumbrücke überschritten ist, verschwinden alle Bilder. Wir bewegen uns vom zweidimensionalen Raum in den eindimensionalen. Unser Körper wird zu einer Linie und die Wachheit ist sehr begrenzt. Sie ist nur soweit vorhanden, um den dünnen Kontaktfaden mit der Umwelt aufrechtzuerhalten, durch den wir, wenn es nötig ist, aufwachen können. Eine Art Tor hindert die Außeneindrücke, in die Welt des Schläfers einzudringen. Er ist an die eindimensionale Gerade seines Körpers gebunden; aber es ist eine Gerade, die weit hinaus reicht in den kosmischen Raum, in dem das wahre Wesen des Schläfers wohnt.

Im Tiefschlaf – oder wenn das Koma eingesetzt hat – ist der Körper nichts anderes mehr als ein Punkt ohne Dimension. Es ist das Nadelöhr, durch das wir uns jede Nacht hindurchbegeben, um unser Selbst und unser Leben wieder zu erneuern. Unser Bewußtsein ist dann über die ganze Welt hin ausgebreitet; es ist ein kosmisches Bewußtsein, an das man sich nicht erinnern kann, das aber nichtsdestoweniger unsere Kräfte für den nächsten Zeitraum unserer Wachheit wieder herstellt.

Die Evolution des Bewußtseins und das Unbewußte

Die vier Zustände des Bewußtseins, die wir beschrieben und zueinander in Beziehung gesetzt haben, sind keine unabhängigen Einheiten. Sie bilden eine Art Treppe mit vier Stufen, von denen jede zur nächsten hinaufführt. Rudolf Steiner erklärt die vier Bewußtseinsarten als Stufen der menschlichen Evolution. Er betonte diese geistige Entwicklung im Laufe der menschlichen Evolution und legte dar, wie verschieden das Geistig-Seelische der alten Völker von dem Geistig-Seelischen des heutigen Menschen war. Er wurde nicht müde zu versichern, daß die Geschichte nur verstanden werden kann, wenn wir erkennen, daß des Menschen gegenwärtiges Bewußtsein fundamental verschieden ist von dem Bewußtsein vor 3000 oder 4000 Jahren.

Er vertrat wieder die Ansicht, daß in alten Zeiten die meisten Menschen noch mit hellsichtigen Fähigkeiten begabt waren und daß der fundamentale Unterschied zwischen Schlafen und Wachen, den wir heute erleben, bei weitem nicht so groß war wie in späteren Zeiten. Vor einigen tausend Jahren waren die Menschen nicht ganz unbewußt während des Schlafes, sondern erlebten gewisse

Bilder in dämmerhaftem Bewußtsein und konnten diese Bilder ins Tagesleben herübertragen. Andererseits war ihr Tagesbewußtsein nicht so klar und umrissen wie unseres. Die Dinge der Außenwelt erschienen wie in einer Art farbigen Nebels ohne deutliche Umrisse oder klare Konturen. Nur nach und nach entwickelte sich das Tagesbewußtsein und die Dinge wurden deutlich sichtbar.

Rudolf Steiner beschrieb vier verschiedene Bewußtseinszustände und gab jedem einen besonderen Namen. Die heutige «Wachheit» bezeichnete er als Gegenstandsbewußtsein. Im vorhergehenden Zustand hatte die Menschheit ein Bilderbewußtsein, und in noch älteren Zeiten hatte die Menschheit ein Schlafbewußtsein, und in den uranfänglichen Zeiten unserer Existenz gab es ein Trance-Bewußtsein. Diese Bewußtseinszustände entsprechen ganz deutlich den vier Zuständen, die wir beschrieben haben.

Um Rudolf Steiner mit eigenen Worten sprechen zu lassen, zitiere ich einen Vortrag, den er am 1. Juni 1907[60] gehalten hat. Er sagte: «Alles, alles hat sich in der Welt entwickelt, auch unser Bewußtsein hat sich entwickelt. Das Bewußtsein, das der Mensch heute hat, hat er nicht immer gehabt; das ist erst nach und nach so geworden, wie es heute ist. Unser heutiges Bewußtsein nennen wir das Gegenstandsbewußtsein oder das wache Tagesbewußtsein ... Es besteht darin, daß der Mensch seine Sinne in die Außenwelt richtet und Gegenstände wahrnimmt, darüber denkt er nach, er wendet seine Vernunft dazu an, diese verschiedenen Gegenstände zu begreifen, und aus diesen Tatsachen der Sinneswahrnehmungen und des Begreifens derselben mit unserem Verstand setzt sich das wache Tagesbewußtsein, wie der Mensch es heute hat, zusammen. Dieses Bewußtsein hat der Mensch nicht immer gehabt, es hat sich erst entwickelt, und er wird es nicht immer so haben, sondern er wird aufsteigen zu höheren Bewußtseinszuständen.»

Rudolf Steiner unterscheidet alles in allem sieben Bewußtseinszustände, von denen unser heutiges Gegenstandsbewußtsein das vierte ist; drei weitere sind im Laufe der kommenden menschlichen Evolution noch zu entwickeln. Es ist von größter Wichtigkeit zu wissen, daß unser gegenwärtiges Tagesbewußtsein nicht die letzte Etappe des sich entfaltenden Geistes der Menschheit darstellt; es ist nur ein Schritt, der zu noch höheren Bewußtseinsformen führt. Gerade so wie wir auf unsere Träume zurückschauen und sie von außen betrachten, so werden wir in kommenden Zeiten auf unser gegenwärtiges Bewußtsein zurückschauen können.

Eine besondere Einsicht in die Natur der vier Bewußtseinszustände gibt Rudolf Steiner in dem gleichen Vortrag, dem wir die obigen Zitate entnahmen. Da stellt er fest, daß es in unserer Umgebung Wesen gibt, die das Tieftrance-Bewußtsein noch jetzt haben; das sind die Mineralien. Es ist ein dumpfer, aber

[60] Rudolf Steiner: «Die Theosophie des Rosenkreutzers», 14 Vorträge Mai/Juni 1907, GA Bibl. Nr. 99.

umfassender Zustand. In ähnlicher Weise sind Pflanzen mit dem Schlafbewußtsein begabt. «Sie schlafen unausgesetzt.» Alle niederen Tiere, besonders jene, die «nicht von innen heraus tönen», haben ein Bilderbewußtsein ähnlich jenem, das wir im Traum haben. Nur die höher entwickelten Tiere wie Vögel oder Säugetiere steigen zu dem Gegenstandsbewußtsein auf, gleich dem des Menschen.

Die Beziehung zwischen dem Tagesbewußtsein und den Bewußtseinszuständen, die in den drei Naturreichen herrschen, zu verstehen, ist von großer Bedeutung. Solche Anschauung weitet den Begriff des Bewußtseins und bringt ihn in Zusammenhang mit der ganzen Schöpfung. Der ruhende Stein, die wachsende Pflanze und das empfindende Tier sind bewußte Wesen; ihre Bewußtseinszustände sind nicht einmal verschieden von denen des Menschen, wenn die Totalität der Bewußtseinsevolution ins Auge gefaßt wird. Man ist eins mit der ganzen Schöpfung.

Wenn der Mensch sich schlafen legt, zieht er sich vom Gegenstandsbewußtsein zurück in uranfängliche Zustände der Evolution. Er taucht zuerst in die Welt der Träume ein und dann in die Sphäre des Schlafes. Es ist ein Zurückfallen in seine Vergangenheit; ein Sichzurückziehen zu den Ursprüngen seines Werdens. Er kehrt dorthin zurück, von wo er herkam, um erneute Kraft zu gewinnen, die ihn befähigt, die Anspannung und Anstrengung des Lebens in der Sphäre des Tagesbewußtseins auszuhalten.

In Schlaf und Traum leben und handeln wir in dem Bereich, den C. G. Jung als das «kollektive Unbewußte» bezeichnete. Für ihn ist diese Region ein Stapelplatz, «der sämtliche Inhalte der psychischen Menschheitserfahrung in sich begreift»[61]. Es ist das weite Königreich, in das wir eintreten, wenn wir uns schlafen legen. Dort begegnen wir den Archetypen und archetypischen Bildern; es ist das Reich, aus dem die mythologischen Bilder und die Gestalten der Legenden und Märchen hervorgehen. In dieser Welt spiritueller Wirklichkeiten werden wir verjüngt und wieder hergestellt für unsere Tagesarbeit.

Die übliche Vorstellung des Unbewußten als eine Art Trödelladen des Individuums, wo es seine Begierden, Wünsche und Emotionen hineinwirft, für die es im Augenblick keine Verwendung hat, ist kompletter Unsinn. Es ist viel eher so, daß, um die Beschreibung C. G. Jungs zu verwenden, «das Bewußtsein nur eine relative Mittellage beanspruchen kann und es dulden muß, daß es gewissermaßen auf allen Seiten von der unbewußten Psyche überragt und umgeben ist». In die Sphäre des kollektiven Unbewußten gehen einige unserer Begierden und Wünsche – und ihnen kommen spirituelle Wirklichkeiten entgegen. Solche Begegnungen werden in unsere Träume projiziert, und manchmal verstehen wir die Symbolsprache dieser Bilder und entziffern ihre Bedeutung.

[61] Jolande Jacobi: «Komplex, Archetypus, Symbol in der Psychologie C. G. Jungs», Zürich 1957.

Das unbewußte Reich erscheint verhältnismäßig dunkel, weil das Gegenstandsbewußtsein eine ganz besondere Helligkeit errungen hat. Diese strahlende Beleuchtung unserer Tageserlebnisse läßt unsere Träume in dämmerhaftem Zwielicht erscheinen und unseren Schlaf in tiefe Finsternis untertauchen. Es bleibt jedoch ein gewisser Grad von Dämmerlicht in der Sphäre unseres Schlafes; aber wir haben nicht die Kraft, es festzuhalten. Wir begegnen demselben Phänomen, wenn wir aus dem leuchtenden Sonnenlicht in einen gemäßigt hellen Raum eintreten und zunächst beinahe blind sind.

Das gegenwärtige Tagesbewußtsein ist nicht nur hell erleuchtet; es ist auch äußerst begrenzt und von geringem Umfang. Es ist nicht mehr als ein Lichtstrahl, der in eine ungeheure Sphäre vollständiger Dunkelheit scheint. Der Mensch hat das umfassende, aber vergleichsweise dämmerhafte Bewußtsein seiner früheren Entwicklungszustände für den verengten, aber hell erleuchteten Raum seines Gegenwartsbewußtseins hergeben müssen. In dieser engen, aber gut erleuchteten Zelle erleben wir die Klarheit unserer Gedanken und die Gewißheit unseres Selbst. Es ist ein dreidimensionaler Raum, nicht sehr weit, nicht sehr tief, wohl eingerichtet und fähig, unsere Persönlichkeit zu etablieren und unseren Weg von da aus zur nächsthöheren Bewußtseinsstufe zu finden.

Die Natur des Gegenstandsbewußtseins und die menschliche Seele

Damit sind die vier Bewußtseinszustände beschrieben und besprochen. Wir entdeckten die sich entwickelnde Beziehung zwischen den Haupttypen des Bewußtseins-Erlebnisses. Doch nun muß die Frage nach der *Natur* des Bewußtseins angegangen werden. Was ist das Bewußtsein, und wie kommt bewußtes Erleben überhaupt zustande? Ist das Bewußtsein ein Teil unseres Gedächtnisses? Oder unserer Wahrnehmung? Brauchen wir daher Sinnesorgane, um bewußte Erlebnisse zu haben? Doch hinter diesen Fragen steht ein viel größeres Problem: In welchem Maße ist die Seele mit der Sphäre des Bewußtseins verknüpft? Welche Rolle spielt sie in den verschiedenen Sphären des Bewußtseins? Sind Seele und Bewußtsein identisch? Das alles sind Fragen, auf die sich nicht leicht eine Antwort finden läßt.

Wenn wir in das Reich der eigenen Seele schauen, erleben wir vor allem den ewigen Wechsel unserer Innenwelt. Unser Denken fließt dahin, indem es Worte und Sätze mit sich führt, Begriffe und Erinnerungen, vergleichbar einem Bach, der Fische und Wellen mit sich führt, Steine und Geröll. Gefühle entstehen, Wünsche und Begehren erscheinen und Urteile werden gefällt. Wir sind, ausgenommen in besonderen Augenblicken, ganz unfähig, den Lauf dieses Stromes von geistigen Entitäten anzuhalten. Aus dem Nirgendwo kommt er und in das Unbekannte geht er; es ist ein ununterbrochen und unbarmherzig fortfließender Strom. Verdanken wir es dem Gegenstandsbewußtsein, diesem schmalen Lichtstrahl, daß dieser Strom uns zu Bewußtsein kommt?

Rudolf Steiner spricht von dem gleichen Phänomen in einem seiner fundamentalen Vorträge. Er sagt[62]: «Bewußtsein aber ist etwas anderes als der fortfließende Strom des Seelenlebens.» Er zeigt auch auf, daß Begriffe und Ideen, die wir uns aneigneten und die ein Teil unserer Erinnerung wurden, im Bereich der Seele verbleiben, doch sind wir uns keineswegs immer ihrer bewußt. Sie erscheinen vor unserem Gegenwartsbewußtsein und verschwinden wieder. Sie sind gegenwärtig, wenn auch nicht immer erreichbar. Und er schließt: «Das Bewußtsein beleuchtet nur in einem gewissen Moment einen gewissen Teil unseres Seelenlebens.» Dann fährt er fort mit der Frage: «Wie geschieht es nun, daß auf den fortfließenden Strom der Vorstellung in unserer Seele Licht geworfen werden kann, so daß Teile davon sichtbar werden können in der Erinnerung . . .?» Sobald wir uns an etwas erinnern, tritt das geistige Bild unserer Erinnerung in die Sphäre des Bewußtseins ein. Es fließt vom Bereich des Unbewußten zum Zentrum des Gegenstandsbewußtseins. Das weite Feld unseres Unbewußten ist Ursprung und Gefäß, aus dem die Elemente unseres geistigen Lebens hervorkommen, wie in einem fortdauernden Strom. Aber woher kommt das Licht, durch das der bewußte Teil dieses Stromes sichtbar wird?

Um dies zu erklären, hat Rudolf Steiner auf einen wesentlichen Teil unserer Seele aufmerksam gemacht. Er sagt: «Wir finden unter unseren Gefühlen mancherlei Arten . . . Sehnsucht, Ungeduld, Hoffnung, Zweifel . . . Angst und Furcht . . . Was sagen uns denn alle derartigen Gefühle? Wenn wir sie wirklich prüfen, haben sie alle etwas merkwürdig Gemeinsames: Sie beziehen sich alle auf die Zukunft, sie beziehen sich auf das, was eintreten kann oder von uns als eintretend gewünscht wird.»

Dieser Hinweis ist von größter Wichtigkeit für unsere Frage. Rudolf Steiner fährt fort und beschreibt zwei Ströme, die durch unsere Seele ziehen: Der eine trägt unsere Begriffe, Ideen und Erinnerungen; der andere unsere Sehnsüchte, Gefühle und Emotionen. Diese zwei Ströme fließen in entgegengesetzter Richtung. Der Strom unserer Erinnerungen kommt aus der Vergangenheit und fließt in die Zukunft. Doch der Strom unserer Wünsche und Gefühle kommt aus der Zukunft und fließt nach der Vergangenheit.

Rudolf Steiner weist auf den entgegengesetzten Lauf dieser zwei Ströme hin, wenn er erklärt: «Sie werden einen ungeheuren Lichtblitz auf Ihr ganzes Seelenleben werfen können, wenn Sie das eine Einzige nur voraussetzen: daß alles, was Begehrungen, Wünsche, Interessiertsein, was die Phänomene von Liebe und Haß sind, einen Strom darstellt im Seelenleben, der gar nicht fließt von der Vergangenheit in die Zukunft, sondern der uns entgegenkommt von der Zukunft, der von der Zukunft in die Vergangenheit fließt . . . Was ist dann im Moment unser Seelenleben? Es ist nichts anderes als die Begegnung eines Stro-

[62] Rudolf Steiner: «Psychosophie», 4 Vorträge, November 1910, GA Bibl. Nr. 115.

mes aus der Vergangenheit in die Zukunft und eines Stromes, der aus der Zukunft in die Vergangenheit fließt. Und wenn der gegenwärtige Augenblick eine solche Begegnung ist, dann werden Sie leicht begreifen, daß diese zwei Ströme in der Seele selber zusammenkommen, sozusagen übereinanderschlagen. Dieses Übereinanderschlagen ist das Bewußtsein.»

Es ist keine leichte Aufgabe, auch nur ein anfängliches Verständnis für diese Darstellung zu gewinnen. Wir müssen auf einmal erkennen, daß es zwei Ströme gibt, den einen, der aus der Zukunft kommt, den andern, der in der Vergangenheit entspringt. Wir müssen die übliche Vorstellung von der Zeit, als nur strömend in einer Richtung – von der Vergangenheit in die Zukunft – verlassen. Nach Rudolf Steiner gibt es zwei solcher Ströme, die in entgegengesetzter Richtung fließen. Beide begegnen sich auf dem Grund unserer Seele, und wo sie zusammentreffen, erscheint Bewußtsein. Wir könnten auch sagen, daß der Zusammenprall von Vergangenheit und Zukunft die Gegenwart gebiert und daß diese Gegenwart in uns als Bewußtsein erscheint. Es ist das Gegenstandsbewußtsein, von dem wir sprachen.

Im alltäglichen Leben sind wir ganz unfähig, die Gegenwart innerhalb unseres Bewußtseins zu erfassen, denn sobald wir es tun, ist die Gegenwart bereits Vergangenheit geworden. Trotz des fortlaufenden Verschwindens der Gegenwart in das Leere ist sie dennoch gegenwärtig. In ihrer fließenden Anwesenheit schafft sie das Reich des bewußten Erlebens. Es ist, als ob der Zeitenfluß aufgehalten und zum Raum verwandelt würde. Dieser Raum ist die vorüberziehende Gegenwart, die sich augenblicklich wieder in Zeit auflöst. Wir müssen ihn als Prozeß ununterbrochenen Werdens und Vergehens vorstellen, als ein Fließen und Fortströmen; es ist ein unaufhörliches Kommen und Gehen.

Die Schnelligkeit ist es, die den Eindruck fortdauernder Bewegung hervorruft, vergleichbar dem Kino, wo ein Bild dem anderen folgt; so ist es hier das dauernde «Halt», das durch den Aufeinanderprall der zwei Zeitenströme entsteht, das uns den Eindruck vermittelt, in ununterbrochener Gegenwart zu leben. Dieser Eindruck von «andauernder Gegenwart» gehört zur Natur des Gegenstandsbewußtseins. Aber es ist fast eine Fiktion, an die wir uns zu halten haben. Sie versieht uns mit der dauernden Realisierung unseres Selbst sowohl wie unserer Umwelt; wir leben in dem Glauben, daß unser ganzes Leben in dieser kleinen Zelle unseres Bewußtseins zentriert ist. Jedoch ist alles das, was um diesen schmalen Lichtstreifen herum ist, das eigentliche Leben und die Kraft der Seele. Von dort aus arbeitet und schafft sie und ist der Diener alles dessen, was wir tun und wissen.

Wir sind unseres Selbst bewußt geworden, aber indem wir so weit kamen, fühlen wir unterbewußt, daß wir ein weites Königreich verloren haben, um eine winzige Zelle von Bewußtsein zu erobern. Dies ist das Schicksal des Menschen auf Erden; er mußte ein verlorener Sohn werden, der seines Vaters Haus verlassen hat, um in die Armut und die Not niederzusteigen. Aber ein Same kann im engen Raum des Gegenstandsbewußtseins anfangen zu wachsen; ein neues und erweitertes Bewußtsein wird daraus geboren werden.

Zurückkommend auf das Bild der zwei Zeitenströme können wir fragen, wie diese im Bereich des Bilderbewußtseins auftreten. Wenn wir träumen, erleben wir die Gegenwart fast nicht. Alles treibt dahin und bewegt sich ohne Halt oder Stillstand. Wir können daher annehmen, daß die zwei Ströme, obwohl sie anwesend sind, nicht aufeinanderprallen wie im Bereich des Gegenstandsbewußtseins. Sie fließen eher aneinander vorbei, und etliche ihrer Randwellen begegnen und mischen sich, wodurch die Traumbilder geschaffen werden. Erinnerungen an Vergangenes und Hoffnungen auf Künftiges gehen ineinander über. Auf diese Weise wird die Fata Morgana unserer Träume hingezaubert.

Während des Schlafbewußtseins sind die beiden Zeitenströme ganz getrennt. Unser Gehirn spiegelt noch den Strom von Begriffen und Erinnerungen, die aus der Vergangenheit kommen; aber wir können sie nicht bewußt festhalten. Unsere Seele ist dem anderen Strom hingegeben, der aus der Zukunft herankommt und die Ereignisse und Erfahrungen mit sich bringt, die vor uns liegen. Am Morgen, nachdem wir erwacht sind, nehmen wir unsere Gedanken auf, wo wir sie am Abend vorher zurückgelassen haben. Aber hineingewebt sind zarte Ahnungen oder kräftige und zielstrebige Wünsche für den bevorstehenden Tag. Auf diese Art begegnen sich die zwei Ströme aufs neue.

Kein Strom von Begriffen und Erinnerungen fließt durch das Tiefschlafbewußtsein. In diesem Zustand des Nichtwahrnehmens sehnen wir uns nach der Zukunft, aber wir haben unsere Vergangenheit verloren. Unser Engel hält unsere früheren Erlebnisse fest und wägt sie in seinen Händen. Er kann sie uns zurückgeben, aber er kann auch beschließen, sie bei sich zu behalten. Dann ist der Augenblick gekommen, wo wir die Schwelle ins andere Land zu überschreiten haben; unser Dasein geht aus dem Erdenleben ins Leben im Geiste über.

In frühen Zeiten, als das Gemüt des Menschen noch mit dem Leben des Geistes bedacht war, sprachen unsere Vorväter in mächtigen Bildern und nicht in trockenen Worten. Sie beschrieben die Vergangenheit der Menschenrasse in Bildern von vier aufeinanderfolgenden Zeitaltern.

Hesiod, aber auch andere große Seher, sprach von diesen uranfänglichen Zeiten. Da war zuerst ein «Goldenes Zeitalter», in dem die erste Menschenrasse mit ihren Göttern zusammen lebte; sie waren ihnen Freunde und Gefährten. Alle waren ohne Sorge und Schmerzen, und es gab weder Arbeit noch Not auf der Erde. Die ganze Welt war wie ein Garten. Ewige Jugend war allen gegeben.

Dieser folgte eine andere Rasse; das «Silberne Zeitalter» begann. Für hundert Jahre blieb der Sohn mit der Mutter, und sie erzog ihn und leitete ihn an, bevor er heranwuchs. Sein Mannesalter war kurz, doch stark; Leiden begann erstmalig einzuziehen, und viele Menschen wurden zu Narren, die ihre Götter verleugneten und es zurückwiesen, ihnen die gebührenden Opfergaben darzubringen. Ihre Rasse wurde in die Tiefen der Erde verbannt.

Eine dritte Rasse wurde erschaffen; das «Bronzene Zeitalter» begann. Eine kraftvolle, aber grimmige Menschengruppe erschien. Sie hatten mächtige Hände und enorme Stärke; sie liebten zu kämpfen und erschlugen ihre Gegner. Zeus, der göttliche Vater, entschloß sich, sie zu vernichten. Er sandte Regenfluten vom Himmel auf die Erde herab. Flüsse und Bäche stiegen in wenigen Tagen an und bedeckten bald die Hügel und Berge mit Wasser. Die ganze Schöpfung – Pflanzen, Tiere und Menschen – ertrank. Ein einziges Paar jedoch überlebte, der Sohn des Prometheus – Deucalion – und sein Weib Pyrrha. Bevor die Flut begann, hatte Prometheus ihnen geraten, eine Arche zu bauen und sich auf sie zu begeben, wenn die Regen kommen würden. Auf diese Weise wurden sie gerettet. Die Arche landete am Berg Olympos, und Deucalion opferte dem Zeus. Dieser nahm ihn an als Vater einer neuen Menschenrasse; das «Eiserne Zeitalter» begann. Manche nennen es das «Kali Yuga», mit einem indischen Wort, welches «Dunkles Zeitalter» bedeutet.

Diese vier Zeitalter werden in solcher Bildform beschrieben. Sie entsprechen den vier Stufen des Bewußtseins, von denen wir gehört haben. Wir sprachen von Zuständen des menschlichen Gemüts; unsere Vorväter kannten sie auch, aber sie gaben ihnen schönere Namen und erinnerten die vergangenen Zeiten mit Furcht und Dankbarkeit.

Die Arche des Deucalion und der Pyrrha ist ein wahres Bild für den Zustand unseres Gegenstandsbewußtseins. Rundumher sind die Wasser des Himmels und der Erde, geradeso wie auch unser Tagesbewußtsein vom Ozean des Unbewußten umgeben ist. In der einsamen Arche ist unser Selbst aufgehoben und gegenwärtig. Die Rasse des Deucalion kann man auch die Generation der Arche nennen. Wir alle sind Söhne des Deucalion und leben immer noch in der Arche, die unsere Väter gebaut haben, um die Flut der Dunkelheit zu überstehen. Wir tragen mentale Bilder der ganzen Schöpfung in dieser Arche.

Nun entsteht die große Frage: Wie und wann werden wir imstande sein, die Arche unseres Tagesbewußtseins zu verlassen, um die starken und sicheren Gipfel des Geistes wiederzugewinnen?

Die Antwort liegt in uns selbst. Wenn wir es wollen und wenn wir vermögen, stark genug zu werden, um die zwei Ströme der Zeit, die durch unsere Seele fließen, aufzuhalten, wenn wir ihr Dahinfließen verhindern können durch die Andacht unseres Herzens und die Klarheit unseres Gemüts: dann wird ein Gegenwarts-Raum in uns zu wachsen beginnen. In diesem neuen Raum wird ein Licht zu scheinen beginnen, das man die «Kerze des Geistes» nennt. Dieses leuchtet in die Dunkelheit der Flut, die um uns her ist.

Wenn viele solche Lichter aus den vielen Archen des Gegenstandsbewußtseins in die Nacht des Unbewußten leuchten werden, dann werden die alten Bilder und Symbole, die uralten Archetypen und Zeichen verändert und verwandelt werden. Das Tor zu einem neuen Zeitalter wird geöffnet sein. Das Kind, das in der ersten Christnacht geboren wurde, entzündet die «Kerze des Geistes». Es ist die Liebe und Demut, die Armut und das Mitleid des Kindes, welche diese Kerze zum Leuchten bringen.

Bilder erscheinen nun. Die Seele spricht zu sich selbst, benennt sich selbst, beschreibt ihr eigenes Wesen. Die Seele versteht, daß in der Dunkelheit ihrer Existenz, da sie ihres Vaters Haus und das Land des Geistes vergessen hatte, das Kind erscheint, um die «Kerze des Geistes» zu entfachen. Dieses Licht wird die Seele zurückführen zu den Quellen, aus denen die Wasser des Lebens fließen.

VIII. Das Land der Träume

Wenn der aufmerksam beobachtende Reisende, vom Norden Europas kommend, die Alpen überquert und an die Ufer des Mittelländischen Meeres kommt, wird er unmittelbar von der völlig veränderten Landschaftsatmosphäre berührt. Es ist nicht nur das strahlende Sonnenlicht und der endlos blaue Himmel; nicht nur das Leben und Treiben der Menschen, die im Freien leben, ihre meiste Zeit auf Straßen und Plätzen ihrer Dörfer und Städte zubringen. Es ist etwas viel Subtileres und ganz Spezielles. Alles scheint verändert an Ausdruck und Bedeutung, so als ob jedes Haus, jeder Berg, jeder Baum und selbst die Blume ihren innersten Sinn und Zusammenhang offenbaren würden.

Eine Frau, die auf ihrem Esel den Bergpfad entlang reitet, erinnert unmittelbar an das Bild der Flucht nach Ägypten. Eine Bäuerin, die auf dem Feld Korngarben bindet, nimmt plötzlich die Gestalt der Ruth aus dem Alten Testament an. Ein Mädchen, das aufrecht daherschreitet, einen hohen Krug auf der Schulter, sichtlich vom Brunnen kommend und ihrem Hause zustrebend, beschwört die Geschichte von Isaak und Rebekka und ihrer ersten Begegnung am Brunnen herauf.

Das ist eines der Wunder des Südens, daß jede Erscheinung mehr darstellt als ihr visuelles Bild. Es wird zum Symbol vieler anderer Geschehnisse in ihrer inneren Bedeutung. Der symbolische Gehalt ist uns viel näher gerückt und wird viel augenscheinlicher. Alles ist, um ein Wort Goethes zu gebrauchen, «offenbares Geheimnis».

Wie die Erscheinung des Menschen in seiner Umgebung zum Symbol wird, kann in Italien und Griechenland, in Mazedonien und Sizilien erlebt werden. Es ist, als ob alte mythologische Bilder noch immer lebendig wären und Götter wie Heroen unter den Menschen wandelten. Der Besucher fühlt sich der Wiege der Menschheit viel näher gerückt und taucht ein in die Schönheit und Wunder von alten Berichten und Erzählungen.

Der Alltag in nördlichen Breiten hat solche Erlebnisse beinahe gänzlich zum

Erlöschen gebracht. In Britannien und Deutschland bleibt durch das sogenannte realistische Aussehen der meisten Männer und Frauen kein Raum mehr für symbolhafte Erscheinungen. Der mythologische – und märchenhafte – Charakter ist den Alltagserscheinungen genommen worden. Nüchternes Leben und nüchternes Sprechen hat Platz gegriffen. Dennoch ist das Symbolhafte nicht gänzlich verschwunden.

Die Sprache der Mythologie und die Bilder der Märchenwelt sind noch immer lebendig in den Hintergründen der menschlichen Seele. Und jede Nacht, wenn wir schlafen gehen, beginnen sie zu sprechen und die Fäden ihrer Geschichten und Bilder in unsere Träume einzuweben. Es ist eine symbolhafte Sprache, die von der Seele geschaffen wird. Manche von diesen Geschichten mögen uns noch erinnerlich sein, wenn wir erwachen. Das ist gewöhnlich der letzte Rest, der letzte Zipfel des Traumes. Ab und zu erwischen wir mehr als den Zipfel und erinnern uns des ganzen lebendigen Erlebnisses, das uns im Traum zuteil wurde.

Überqueren wir etwa die Alpen von Norden nach Süden, wenn wir schlafen gehen? Natürlich ist es nicht so, dennoch spielt sich ein ähnlicher Prozeß ab; denn wir überschreiten die Schwelle von einem Gebiet ins andere, und jenseits dieser Schwelle befinden wir uns mit einem Mal in einem völlig verschiedenen Land. Die Gesetze und Regeln im Königreich der Träume sind anders als jene, die unser waches Leben bestimmen. Es ist ein Land, das der Märchenwelt verglichen werden kann. Der Raum ist darin zuweilen eine Hürde, aber doch kein Hindernis. Die Zeit kann bedrohen, aber auch gänzlich verschwinden. Alle Dinge und Menschen sind austauschbar und in konstanter Verwandlung. Meine Mutter kann als junges Mädchen erscheinen, meine Tochter als alte Frau. Mein Vater kann gleichzeitig mein Vorgesetzter und mein ältester Bruder sein – und alle drei sind ein und derselbe. Ich kann am Tisch mit Freunden sitzen, die schon lange gestorben sind und die ich trotzdem als in ihren Körpern lebend schaue. Leblose Dinge können anfangen sich zu bewegen, z. B. kann eine riesige Glocke plötzlich den Turm herunterklettern und über die Dorfstraße laufen, eine Flasche um meinen Kopf herumtanzen und dabei eine gemeine Melodie mit ordinärem Text singen.

Der Träumende selbst kann im gleichen Augenblick auf verschiedenen Ebenen sein. Er kann am Ufer eines Flusses stehen und sich selbst beobachten, wie er durch die Straßen einer weit entfernten Stadt geht. Er kann über eine Mauer klettern und in einen Raum eintreten, wo er sich selbst auf einem Sessel sitzen sieht; beide, der Sitzende und der Kletternde, schmelzen sofort zusammen. Der Träumer kann sich sogar bewußt werden, daß er träumt, und sich dadurch aufspalten in jenen, der träumt, und den anderen, der weiß, daß er träumt.

In ähnlicher Art sind die Gesetze natürlicher Logik im Traum aufgehoben. Das Kind kann der Vater seiner Mutter sein und der Sohn seiner Schwester. Ein Fluß, auf dem ein Schiff dahinfährt, fließt bergaufwärts und mündet in einen See auf der Bergspitze.

Es ist völlig unmöglich, die unübersehbare Vielheit von Traumerlebnissen aufzuzählen. Sie sind tausendfach verschieden und jedes Mal neu. Ihre Sphäre ist das Traumland, das Grenzland zwischen wachem Bewußtsein und Schlaf. Es ist ein ganz besonderes Königreich; es hat seine eigenen Gesetze, seine eigenen Landschaften und Bewohner. Wenn wir träumen, betreten wir dies fremde Land, und wenn wir erwachen, bringen wir einige schwache Erinnerungen in die Tagessphäre herüber.

Unser Unbewußtes ist nicht identisch mit dem Traumland. Es steht zwar diesem Land näher als unser bewußter Verstand, ist aber nicht dasselbe. Wie unser waches Bewußtsein von der Welt unserer Sinne umgeben ist, so ist ein Teil unseres Unbewußten von dem Traumland umgeben. Das ist ein weites Gebiet, eine Welt, die hinter der Sinneswelt liegt. Dieser Sphäre entsteigen die belebenden Kräfte von Wachstum und Licht, Ton und Gestalt. Wesen sind da beheimatet, die dem modernen Menschen unbekannt sind. Aber die Kinder können noch mit Feen und Heinzelmännchen spielen, mit ihren ungeborenen Brüdern und Schwestern. Menschen, die gestorben sind, leben noch eine Weile im Traumland und haben manchmal die Möglichkeit, sich mit dem Träumenden zu verständigen.

So wie die Sonne den Tag erhellt und die Sphäre des Bewußtseins, so ist der Mond das Licht im Königreich der Träume. Es ist ein Land, in dem die Sinneswahrnehmung untergeht; Erinnerungen nur tauchen auf, und die Phantasie hat ihr Recht. Das aktive Tages-Arbeitsleben hat keine Geltung, aber andere Werte steigen auf. Das menschliche Schicksal bekommt eine andere Bedeutung, und die verborgenen Flüsse des Lebens beginnen zu fließen.

Träume sind keine Phantasien oder Einbildungen. Es sind Erfahrungen, die unseren Tageserfahrungen ähneln, aber statt im «Hier» haben wir sie im «Dort», im Lande, wo der Mond gebietet und wo Symbole und Zeichen ihre eigene Sprache sprechen.

Die Deutung der Träume

Bevor wir auf den tatsächlichen Inhalt von Träumen eingehen, müssen einige Hinweise gegeben werden, wie man sich dem Verständnis der Träume näherbringen kann. Die Möglichkeit der Interpretation ist so vielgestaltig, daß ein kurzer Überblick dieser Variationen gegeben werden muß. Es gibt zwei einander entgegengesetzte Anschauungen. Die Vertreter der einen sehen die Träume als reine Erdichtungen an, kaum wert, überhaupt erwähnt zu werden. Ein Psychologe wie William McDougall hält es nicht einmal für nötig, in seinem Buch «Outline of Psychology» auf das Erlebnis des Traumes einzugehen. Und in anderen bekannten Psychologiebüchern wird lediglich gesagt[63]: «Im Schlaf sinkt die Gehirntätigkeit auf einen ganz niederen Stand. Der Kontakt mit der Umwelt ist meistens ausgeschaltet, obwohl manche Anreize in roher

[63] R. S. Woodworth und D. G. Marquis: «Psychology», London 1952.

und verzerrter Form wahrgenommen werden, so etwa, wenn der Wecker für ein Orchester gehalten wird oder kalte Luft an den Füßen für einen nassen Weg. Noch öfter ähnelt ein Traum dem Tag-Traum, wenn er einen Ablauf von Gedanken und Bildern bringt, die eine ganze Geschichte ausmachen, allerdings meistens ohne Handlung und ohne Zusammenhang ... Manche Träume sind offensichtlich Wunscherfüllung ...» Solch schiefe und oberflächliche Beurteilung des Traumlebens ist immer noch weit verbreitet.

Anderseits gibt es eine ganz große Gruppe von Psychologen und Psychotherapeuten, denen Träume und ihre Inhalte von höchster Bedeutung sind. Sie glauben, daß in den Träumen das verborgene Leben des Individuums sich auf verschiedenste Art und Weise offenbart. Daher zählt die Traum-Interpretation zu den wichtigsten Hilfsmitteln des praktizierenden Psychotherapeuten, und er muß lernen, sie zu handhaben. Jede Einzelheit des Traumes, wie nebensächlich sie zunächst auch aussehen mag, kann eine Quelle der Einsicht werden und einen verborgenen Zusammenhang von großer Bedeutung aufdecken. Der Traum ist wie ein offenbares Bild, das die Wünsche, Begierden und erfüllten Triebe des Träumers schildert. Das ist der andere Standpunkt.

Zwischen diesen zwei Anschauungen gibt es viele Variationen. Die Wissenschaft der Träume und Traum-Interpretation ist heutzutage so weit verbreitet, daß selbst der Spezialist völlig außerstande ist, das ganze Material zu übersehen. Tausende von Büchern und Zehntausende von Artikeln sind in den letzten 50 Jahren über dieses Thema publiziert worden.

Dies alles begann mit Freuds Buch «Traumdeutung». Er schrieb das Manuskript in den Jahren 1897/98, und im November 1899 wurde es veröffentlicht. Jones, der Biograph Sigmund Freuds, schreibt darüber: «Nach allgemeiner Ansicht war die ‹Traumdeutung› Freuds Hauptwerk, es ist das Buch, durch das sein Name wahrscheinlich am längsten in Erinnerung bleiben wird. Freuds eigene Meinung würde mit diesem Urteil übereinstimmen. Er schrieb in der Einleitung zur 3. englischen Auflage: ‹Einsichten wie die vorliegenden werden einem vom Schicksal nur einmal im Leben gegeben›[64].»

Es war wirklich ein Stück echter Forschung, das Freud mit dieser Arbeit unternommen hat. Entgegen der allgemeinen Meinung seiner Zeit, die Träume als absolut nicht existierende Größen zu betrachten, begann er die Träume seiner neurotischen Patienten sehr sorgfältig zu analysieren. Er verglich diese Analysen mit den Inhalten seiner eigenen Träume und denen von anderen Menschen. Auf diese Weise entwickelte er eine völlig neue und ganz überraschende Theorie über Träume. Für Freud waren Träume keine Phantasien, sondern psychologische Erlebnisse von größtem Wert. Er entdeckte, daß beinahe jeder Traum ein Element von Wunscherfüllung enthält. Er war sogar der Ansicht, daß wir nur träumen, um etwas zu erreichen, was uns im Wachleben versagt ist. Diese

[64] Ernest Jones: «Sigmund Freud», Vol. 1, The young Freud, London 1953.

Wunscherfüllung wird erreicht auf vielfache Art und Weise. Wir können sogar träumen, um uns in weiteren Schlaf einzulullen. Ein Student, der am Morgen nicht aufstehen wollte, träumte z. B., daß er bereits im Kolleg sitze.

Freud unterscheidet zwischen dem sogenannten «manifesten Trauminhalt» und den «latenten Traumgedanken». Der «Trauminhalt» ist der tatsächliche Traum, an den wir uns erinnern. Die «latenten Traumgedanken» sind das große Panorama der psychischen Kräfte, die den «manifesten Inhalt» hervorrufen. Freud beschäftigte sich nicht übermäßig viel mit diesem Inhalt; er schreibt ihm eine Art von Mattscheiben-Tendenz zu. Der Inhalt neigt dazu, eher zu verschleiern als zu enthüllen. «Der erinnerte Traum ist ja doch nicht das Eigentliche, sondern ein entstellter Ersatz dafür, der uns dazu verhelfen soll, durch Erweckung von anderen Ersatzbildungen dem Eigentlichen näherzukommen[65].»

Die Erforschung der latenten Traumgedanken ist das hauptsächlichste Bestreben des Psychotherapeuten. Er ist überzeugt, daß solche Untersuchung unweigerlich zum Ausgangspunkt der neurotischen und psychotischen Symptome des Patienten führen müsse. Freud selbst nannte die Traum-Interpretation die «via regia», den königlichen Pfad, zu den unbewußten Regionen der Seele.

Es gibt noch einige andere Faktoren, auf die Freud sich stützt, um die Träume seiner Patienten zu deuten und zu analysieren. Er spricht von der «Traumarbeit», welche für ihn die dynamische Seelenkraft ist, durch welche der latente Traum in den manifesten umgesetzt wird. Er führt auch eine «Traumzensur» ein; das ist eine Kraft, die sozusagen den Torhüter zwischen dem latenten Traum und dem tatsächlichen Traum darstellt und nur gewissen Symbolen und Bildern erlaubt, vom Unbewußten in die bewußte Sphäre des manifesten Traumes einzudringen.

An diesem Punkt fängt eine Art primitiver Traum-Morphologie an. Freud tat einen entscheidenden Schritt, indem er die Tatsache des Träumens ernst nahm. Er begann sowohl Inhalt wie Ablauf einzelner Träume zu untersuchen. Tausende von Psychologen folgten ihm auf dieser «via regia» und kamen zu überraschenden Resultaten. Jeder entdeckte neue Aspekte der Traumwelt, und eine große Zahl von neuen Tatsachen kam zum Vorschein.

Viele von Freuds engeren Schülern verließen ihren Meister aufgrund andersartiger Ausdeutung der Träume: Rank, Jung und Steckel – um nur einige von ihnen zu nennen. Jeder entdeckte seine eigene «via regia», der zu folgen er sich für verpflichtet hielt. Jungs Forschungen führten zur großen Entdeckung der Archetypen; Steckel stellte ein Register von Trauminhalten auf. Rank war unter den ersten, die die enge Beziehung auffanden zwischen den Bildern, die im Traum aufsteigen, und jenen, die in Märchen und Mythologien vorkommen.

Eine neue Welt wurde plötzlich entdeckt; bald darauf wurde sie von vielen

[65] S. Freud: «Vorlesungen zur Einführung in die Psychoanalyse», Berlin 1933.

Millionen Menschen besucht und untersucht. Es wurde eine Art Gesellschaftsspiel, sich die Träume zu deuten und zu zeigen, daß man über die Grundtatsachen der Traumsymbole orientiert war.

Heute hat eine viel nüchternere Auffassung diese einst in Mode gekommene ältere Tendenz verdrängt. Man beginnt zu verstehen, daß Träume dazu neigen, sowohl dem Träumenden wie dem Interpreten zu gefallen. Ein Patient, der von einem Psychotherapeuten der Jung-Schule behandelt wird, produziert meistens eine große Anzahl von Archetypen und Mandalas in seinen Träumen; während ein anderer, der von einem Psychoanalytiker Freudscher Prägung behandelt wird, in solcher Art träumt, daß viele sexuelle Symbole erscheinen und den Psychotherapeuten befriedigen. Andere, die grundsätzlich jede Art Psychoanalyse ablehnen, werden nur von alltäglichen Erinnerungen träumen, die leicht verzerrt, aber nicht wesentlich entstellt sind.

Hoche[66] z. B., ein strenger Gegner aller Psychoanalyse, machte die Entdekkung, daß, wenn er seine Aufmerksamkeit Träumen zuwandte, er weit häufiger zu träumen pflegte als vorher. Und Leonhard[67] bemerkte, «daß zu verschiedenen Zeiten gerade die Träume, die dem augenblicklichen Sonderinteresse entgegenkommen, gehäuft auftreten».

Träume bedeuten nicht nur eine Ausflucht. Sie passen sich auch den Gedanken und Wünschen des Träumers wie seiner Umgebung an. Träume möchten gefallen, warnen, ermahnen, schrecken und trösten. Sie können uns zu den Gipfeln der Schönheit und des Wunders erheben; aber auch in die Abgründe von Elend und Furcht tauchen. Träume können schwer festgehalten werden; ebensowenig ist es möglich, ihnen einen einzigen Blickpunkt oder eine spezielle Bedeutung zuzuschreiben.

Das Traumland ist ein neues, weites Reich, das mindestens so inhaltsreich ist wie unsere Sinneswelt. Der manifeste Trauminhalt ist das Arbeitsergebnis unzähliger Kräfte, Einflüsse und Erinnerungen. Er enthält unsere Sympathien und Antipathien, unsere Sehnsüchte und Triebe. Doch sind Träume nicht nur Ergebnis von Geschehenem und Erlebtem; sie sind eine Schöpfung für sich, die ihr eigenes Leben aufnimmt. Bestimmte Träume können zu gewissen Zeiten wieder auftauchen und ihre Träumer fast verfolgen. Sie können zu einer Art Gewissen werden, das den Träumer auf gewisse Züge seines Charakters und Handelns aufmerksam macht. Alle diese Züge muß man im Auge behalten, wenn man zu einem Verständnis der Träume und ihrer Welt kommen soll.

Der Trauminhalt

Es kann keinen Zweifel darüber geben, daß eine Anzahl unserer täglichen Erfahrungen in unseren Träumen wiedererscheint. Dies ist allgemein anerkannt,

[66] A. E. Hoche: «Das träumende Ich», Jena 1927.
[67] K. Leonhard: «Gesetze und Sinn des Träumens», Stuttgart 1951.

obwohl die Sache nicht so einfach liegt, wie man sich gewöhnlich vorstellt. Die Art, wie diese Geschehnisse sich im Traume darstellen, ist eigenartig und interessant.

Rudolf Steiner macht uns auf die Tatsache aufmerksam, daß wir gewöhnlich von Dingen träumen, die an unserem Tagesbewußtsein unbemerkt vorübergegangen sind. Wir bekommen z. B. einen Brief und lesen seinen Inhalt sehr sorgfältig. In unserem Unterbewußtsein mögen wir die Lektüre entweder mit leichter Sympathie oder Antipathie gegenüber der Handschrift begleiten. In der folgenden Nacht werden wir nicht über den Inhalt des Briefes träumen, sondern viel eher über den Schreiber im Zusammenhang mit unserer Zu- oder Abneigung gegenüber der Handschrift. «Deshalb können wir ja die Träume so schwer wirklich verstehen, weil in ihnen vieles von dem auftritt, was im Tagesbewußtsein gar nicht berücksichtigt wird», sagt Rudolf Steiner[68]. Wir haben jeden Tag Hunderte und Tausende von Eindrücken, aber nur einige kommen uns zu Bewußtsein. Diese unbemerkten Eindrücke werden, trotz ihrer flüchtigen Erscheinung, ein Teil unseres Erlebens und prägen sich in tieferen und unterbewußten Schichten unserer Seele ein. Und gerade diese Impressionen steigen in der Nacht auf und erscheinen in unseren manifesten Träumen, die etwas von deren hauptsächlichstem Material beinhalten. Eine Anzahl von Experimenten, besonders jene von Pötzl[69], hat diese Beobachtung bestätigt.

Leonhard hob späterhin diese Resultate hervor und erläuterte sie durch viele Beispiele. Einige von ihnen mögen angeführt sein. «Nachdem mir am Tag ein Kind begegnet ist, sehe ich in der Nacht im Traum die ganze Familie dieses Kindes, nur das Kind selbst nicht. Eltern und vier Geschwister des Kindes sitzen um einen Tisch, nur das am Tag vorher gesehene Kind fehlt ... Nachdem ich am Tage ein wichtiges Telefongespräch geführt hatte, werde ich nachts im Traum wieder angerufen. Eine Krankenschwester kommt auf mich zu und meldet mir den Anruf. Ich sehe und erkenne die Schwester sehr gut. Nach dem Erwachen kommt mir zum Bewußtsein, daß ich diese Schwester doch wohl schon längere Zeit nicht mehr gesehen habe. Ich erkundige mich und stellte fest, daß es sich um die einzige Schwester handelt, die zur Zeit nicht Dienst macht, sondern seit 14 Tagen in Urlaub abwesend ist. Sämtliche übrigen 16 Schwestern habe ich im Laufe der letzten 2 bis 3 Tage wenigstens einmal gesehen ... Ich sehe am Tag ein Eichhörnchen und wundere mich, daß es sowenig scheu ist, ich überlege mir anschließend, ob wohl Katzen Eichhörnchen jagen können. In der Nacht darauf sehe ich im Traum eine Katze nach einer Maus jagen, sehe die Katze undeutlich als ‹peripheres› Traumbild, die Maus dagegen zentral und sehr deutlich.»

[68] Rudolf Steiner: «Anthroposophische Lebensgaben», 3. Vortrag vom 2. April 1918, GA Bibl. Nr. 181.

[69] O. Pötzl: «Experimentell erregte Traumbilder in ihrer Beziehung zum direkten Sehen», Z. Neur. 37. 3/4, 1917.

Leonhard nennt das Bild der Katze das «periphere» Traumbild und die Maus das «zentrale». Sehr interessant ist, daß ähnlich wie in anderen Träumen der zentrale Eindruck des vorhergehenden Tages ausgelassen ist und ein stellvertretendes Bild eingeführt wird. Das Eichhörnchen ist durch die Maus ersetzt, jedoch erscheint der leitende Gedanke im Bild der Katze, die die Maus jagt. In ähnlicher Art sitzen die Eltern mit ihren Sprößlingen um den Tisch, aber das «zentrale» Bild, das Kind selbst, fehlt. Die Pflegeschwester, die nicht gesehen wurde, tritt an den Platz jener, die gesehen wurden.

Das ist eine fundamentale Beobachtung, die jeder machen kann, wenn er seine Träume verfolgt. Leonhard zeigt, daß es 10 bis 30 Tage dauert, ehe ein zentrales Tageserlebnis soweit ist, im Trauminhalt zu erscheinen.

Die verschiedenen Sinne sind recht ungleich am Zustandekommen des Traum-Materials beteiligt. Es kann auch darin kein Zweifel bestehen, daß unsere räumlichen Beobachtungen am meisten Material für unsere Träume liefern. Wir sehen eine Landschaft, Menschen, sich bewegende und wechselnde Objekte. Aber diese Bilder werden selten von Geräusch, Ton oder Musik begleitet. Wir hören beinahe nie das Sausen des Windes oder das Läuten einer Glocke. Wir nehmen manchmal ein gesprochenes Wort wahr, aber auch das geschieht nicht oft. Geruchs- und Geschmacksempfindungen, vor allem die ersteren, kommen in Träumen beinahe nie vor. Andererseits sind Tast-, Hitze- und Kältewahrnehmungen oder Druckempfindungen sehr häufig.

Die verschiedenen Sinneswahrnehmungen sind im Traum fast nie miteinander vermengt. Sie mischen sich nicht wie in unserem Wachleben. Sie sind getrennte Erlebnisse, und dieses Getrenntsein und Auseinanderfallen ist unter anderem der Grund, weshalb die Unwirklichkeit unserer Träume so deutlich wird.

Während des Tages sehen wir ein Ding und können es zugleich anrühren. Diese zweifache Erfahrung vermittelt uns die Überzeugung wahrer Wirklichkeit. Tast-, Ton-, Lärm-, Hitze- und Kälteempfindungen sind die Grundlage des Wirklichkeits-Erlebens im Tagleben.

Träume sind nur Bilder; sie erscheinen und verschwinden wie Phantasmagorien, und selten können wir sie berühren oder ihren Ton oder ihre Stimme hören. Nur in Träumen, die gegen das Aufwachen hin auftreten, sind Tast- und Tonempfindungen im Vordergrund. Doch kommen dabei direkte Sinneswahrnehmungen in den Traumbereich hinein. Ein Wecker, der zu läuten beginnt, oder der Druck eines zerknüllten Leintuches, das uns stört, können unsere Träume unterbrechen.

Ewald[70] nimmt an, daß optische Träume mit dem Tiefschlaf verknüpft sind, während akustische Träume häufig im Einschlafen oder kurz vor dem Erwachen vorkommen. Ich bin beinahe sicher, daß akustische und Berührungs-Traum-

[70] G. Ewald: «Über das optische Halluzinieren im Delirium und in verwandten Zuständen», Mschr. Psychiatr. 71. 1929.

erlebnisse fast immer von direkten Sinneswahrnehmungen ausgehen. Dasselbe gilt für Geruchs- und Geschmackserlebnisse.

Eine andere Beobachtung, die häufig gemacht wird, ist von großer Bedeutung für das Verständnis des Trauminhaltes. Träume sind gewöhnlich farblos. Selten kann eine ausgesprochene Farbe im Zusammenhang mit Traumbildern unterschieden werden. Die Bilder sind nicht einmal grau oder schwarz oder weiß, sie sind einfach farblos wie eine dämmerhafte Landschaft in einer dunstigen, wolkigen Mondnacht. Wir mögen die «zentralen» Objekte des Traumes ganz genau wahrnehmen, aber wir sehen nicht die Umrisse oder die Formen. Viel eher sind es die Gesten der Gestalten und Figuren und ihre Bewegungsart, die uns beeindrucken und an denen wir sie erkennen.

Wenn wir von scheu gewordenen Pferden träumen, erfassen wir weit eher ihre Bewegungen, ihre Sprünge und ihr Galoppieren als die tatsächliche Form ihrer Körper. Wenn wir eine Schlange näherkommen sehen, gewahren wir die Furcht in ihrer Haltung und vielleicht das Züngeln in ihrem Maul, aber weder die Farbe noch die eigentliche Form.

Es gibt allerdings Träume, die besondere Farben zeigen, und Leonhard bezieht sich auf sie. Er entdeckte, daß gerade solche Farben Wiederholungen von Wahrnehmungen der vorangegangenen Tage sind, und zeigte es an überzeugenden Beispielen.

Je mehr der symbolische Charakter eines Traumes anwächst, um so farbiger wird er. Wir können dies in bezug auf die Komposition des Traum-Materials sogar eine Regel nennen.

Wenn man nun versucht, diese verschiedenen Beobachtungen zu verbinden und einige Schlüsse daraus zu ziehen, können wir das folgende feststellen: Träume sind gewöhnlich farblos. Sie zeigen sich in Form von bildhaften Eindrücken, wobei ein «zentrales» Thema von einigen «peripheren» Begleiterscheinungen umgeben ist. Die «peripheren» Bilder sind für gewöhnlich mit Erlebnissen des vorhergehenden Tages verbunden, die nicht unmittelbar unser aktives Bewußtsein erreichen. Das «zentrale» Thema weist auf Impressionen hin, die einige Zeit früher empfangen wurden. Andere Sinneseindrücke wie Tast-, Ton-, Wärmeempfindungen usw. sind gewöhnlich direkte Erlebnisse, die die Schwelle des Schlafes überschreiten und einen Wechsel des Bewußtseinszustandes herbeiführen; wir fangen an aufzuwachen.

Indem wir dieses Phänomen betrachten, können wir sagen, daß der Inhalt der Träume vor jeder Sinnesempfindung zurückschreckt. Er vermeidet Farbe, Form, Umriß und erscheint viel eher in unbestimmten Impressionen als in objektiven Bildern. Wenn wir die lange Zeitspanne in Betracht ziehen, die zwischen der optischen Impression und ihrem Wiedererscheinen im Traum liegt, können wir sogar sagen, daß Bilder, die im Traum auftauchen, fast aller ihrer Sinnesqualitäten entkleidet sind.

Wenn wir von einer Farbe träumen (weißer Schnee, gelbes Huhn, grüner

Vorhang usw.), tragen wir entweder die Farbe vom vorhergehenden Tag unverändert in unseren Traum herüber, oder alte Erinnerungen, die mit besonderen Gefühlen verbunden waren, steigen auf. Die Farbe des vorhergehenden Tages ist noch ganz frisch in unserer Sinneserfahrung und erscheint im Traum wie irgendeine andere Sinneswahrnehmung. Die gefühlsbetonte Farbe konnte sich nicht mehr von ihrer starken Bindung befreien und steigt deshalb auf als eine festgelegte Sinneswahrnehmung.

Wir fangen nun an zu verstehen, daß der Trauminhalt aus speziellen geistigen Qualitäten gewoben wird. Es ist ein Erlebnis ohne die Eigenschaften, die unsere Sinne vermitteln. In gewissen Fällen können diese Qualitäten sich dem Traum-Material anheften, entweder, indem sie direkt über die Schlafschwelle in die Sphäre des Traumes eindringen, oder durch andere Mittel, die durch Gefühlskräfte erzwungen werden. Der eigentliche Trauminhalt ist jedoch frei von Sinnes-Qualitäten.

Wenn dies der Fall ist, sollten wir uns als nächste Frage stellen: Welche Art von Bildern erscheinen im Traum? Können sie unseren Erinnerungen verglichen werden? Oder sind sie ein und dasselbe? Wenn nicht, aus welchem Stoff sind sie gemacht? Bevor wir uns diesem Problem zuwenden, müssen wir andere Tatsachen in Betracht ziehen, die von besonderer Bedeutung sind.

Die Dimensionen der Träume

Leonhard wundert sich sehr, warum der Träumer fraglos die Verwandlungen der Dinge im Traum hinnimmt. Er sagt: «Man kann sich nicht auf das Fehlen einer Vergleichsmöglichkeit berufen, wenn man im Traum einen Schlitten als Boot oder ein Buch als Badehose hinnimmt ... Der Träumende weiß genau, was er will, er will das eine Mal in ein Boot steigen, das andere Mal eine Badehose anziehen, er weiß, was ein Boot darstellt, und weiß, was eine Badehose ist. Trotzdem merkt er es nicht, daß etwas erscheint, was etwas ganz anderes darstellt ... Der Träumer, der auf der anderen Seite, wie wir doch gesehen haben, ganz verständig denken kann, scheint hier tatsächlich ein Buch nicht mehr von einer Badehose unterscheiden zu können.»

Leonhard bezieht sich hier auf zwei charakteristische Träume, um eine allgemeine Traumerfahrung zu demonstrieren. Der Traum bringt ganz andere Bilder als jene, die wir erwarten würden. Ein Schlitten kann ohne Schwierigkeiten über Felsen und Wasser gleiten, und ein Buch kann einen Badeanzug darstellen. Als Träumende würden wir solchen Austausch nie in Frage stellen.

Wir würden ebensogut eine Person akzeptieren, die sich im Augenblick in ein Tier und dann wieder in ein Kind verwandelt. Traumgestalten können mit der Stimme eines alten Freundes sprechen und das Gesicht unserer Mutter und die Gesten unserer Frau haben. Solche Verwandlung wird selbstverständlich hingenommen, als wäre sie das natürlichste Ding von der Welt.

Leonhard meint, daß dies Phänomen der Tatsache entspringt, «daß die einzelnen Traumelemente keine organische Verbindung miteinander eingehen, sondern nebeneinander bestehen, oder sogar nur nacheinander und abwechselnd zum Bewußtsein vordringen». Er nennt diesen Zustand die «Enge des Traumbewußtseins», weil dieses nicht ermögliche, die verschiedenen Eindrücke miteinander zu vergleichen. «Für das Augenblicksbewußtsein des Träumers gibt es nur das, was jetzt ist, nicht das, was eben vorher war.»

Solche Erklärung scheint das Problem nicht lösen zu können. Sie mag für gewisse Träume gelten; in anderen jedoch können wir den ganzen Ablauf der Ereignisse verfolgen, an den wir uns später erinnern. Wenn es wäre, wie Leonhard meint, könnten wir nie eine ununterbrochene Folge von Bildern und ihre annähernde Bedeutung heraufholen.

Solange wir erwarten, daß die Geschehnisse im Traum so eintreten wie im wachen Leben, stehen wir freilich vor vielen Rätseln. Aber der Bewußtseinszustand im Traum ist fundamental verschieden von unserem Gegenstandsbewußtsein während des Tages. Wenn wir träumen, sind unsere Glieder bewegungslos. Initiative und Wille sind fast ausgelöscht, und die Seele befindet sich im Zustand völliger Hingegebenheit. Wir akzeptieren die Bilder, die uns gegeben werden, weil wir unfähig sind, etwas anderes zu wollen oder zu verlangen. Wir können unglücklich sein über etwas, das eintritt, und gewisse Ereignisse oder Bilder hassen. Unsere Gedanken können voll von Zweifel und Fragen sein, während wir träumen, aber wir sind hilflos und abgelähmt. Ein Träumer ist immer ein Beobachter, auch wenn er sich bewegt. Er wird gezwungen, die Dinge so zu tun, wie der Traum es verlangt.

Der Träumende hat kaum irgendeinen Bezug zu seinem Wachbewußtsein. Er kann Ereignisse und Emotionen, Ideen und Absichten aus seinem Alltagsleben in die Traumwelt hinübernehmen. Aber wenn er schläft, ist die Seele unfähig, sich auf das wache Leben zurückzubeziehen. Im Traum gibt es nur einen Einbahnweg: vom Tagesbewußtsein in das Traumbewußtsein. Der Weg zurück ist nicht frei, bevor der Traum nicht zu Ende ist. Dann steigt der manifeste Trauminhalt in das Gegenstandsbewußtsein. Wir sagen: Heute nacht hatte ich einen Traum. Aber während des Traumes selbst ist der Weg zum Bewußtsein vollständig versperrt. Dies ist eines der grundlegenden Traumgesetze, das bisher nie in Erwägung gezogen wurde.

L. R. Müller[71] beschreibt z. B. einen Traum, in dem er mit seinem Sohn das Studium bespricht, das dieser in den nächsten Monaten beginnen soll. Im Erwachen wird er sich schmerzlich bewußt, daß sein Sohn einige Monate vorher gefallen ist. Derselbe Autor träumt von einer Vorlesung, die er vor einer medizinischen Hörerschaft hält. Er spricht über das Auftreten und Verschwinden von Infektionskrankheiten. Alles wird sehr lebhaft erlebt, aber «erst nach dem

[71] L. R. Müller: «Über den Schlaf», Berlin-München 1948.

Aufwachen um 6.15 Uhr morgens wurde mir klar, daß ja alle diese Erlebnisse nicht der Wirklichkeit entsprechen und nur von einem Traum vorgetäuscht wurden». Müller war Neurologe und hätte nie eine Vorlesung über Infektionskrankheiten gehalten.

Solche Beobachtungen sind alltäglich, aber sie werden nicht voll erfaßt. Und was einst Dschuang-Dsi, der chinesische Philosoph, sagte, gilt nicht mehr für unsere Zeit. Er überlegte eines Morgens beim Aufwachen: «Heute nacht träumte ich, ich sei ein Schmetterling. Wie kann ich jetzt wissen, ob ich ein Mann bin, der träumt, er sei ein Schmetterling, oder ein Schmetterling, der träumt, er sei ein Mann?» Es kann wohl sein, daß solche Frage vor 2000 Jahren gerechtfertigt war. Heute kennen wir sehr gut den Unterschied zwischen einem Traum und dem Tagleben, wenn wir nicht im Traumzustand sind. Jedoch, wenn wir träumen, ist es nicht möglich, auf das Tagesbewußtsein zurückzugreifen, und wir haben daher keinen Vergleichspunkt. In der Traumwelt sind wir eingeschlossen wie die Puppe in ihrem Kokon. Dieser Vergleich reicht sogar noch weiter, weil wir im Traum ein so kleines Wesen sind wie eine Puppe. Deren Organe sind abgefallen und unterliegen einer teilweisen oder gänzlichen Umgestaltung. So ist es in unseren Traumerlebnissen. Bilder kommen und gehen, entweichen und kehren wieder, und es ist der Traum selbst, der alles zusammenhält.

Traumbewußtsein ist Bilderbewußtsein. Die Bilder haben keine Tiefe, keine dritte Dimension. Sie sind flach, haben Breite und Länge, aber nichts weiter. Eine Landschaft ist so flach wie eine Ebene und ähnelt daher einem Spiegelbild viel mehr als einer optischen Wahrnehmung. Menschen und Dinge bewegen sich herein und heraus, aber anders, als sie in der Sinneswelt erscheinen und verschwinden. Der Traum ist eine Bühne ohne Tiefe. Das zentrale Thema des Traumes ist im Blickpunkt, während die peripheren Ereignisse verschwommen und undeutlich sind. Diese Anordnung bestätigt die Tatsache, daß wir im Traum weder Vordergrund haben noch Hintergrund. Ein Mittelpunkt ist vom Umkreis umgeben, genau wie ein Brennpunkt von einem Kreis umgeben ist.

Die zweidimensionale Traumebene braucht, obwohl sie flach ist, nicht gerade zu sein. Sie kann eine gebogene Ebene mit Erhebungen, Nischen und Tälern sein, die den Eindruck der Dreidimensionalität hervorrufen. Aber die Sphäre ist zweidimensional, und ein Teil unseres eigenen Bilddaseins ist in diesen flachen Raum einbezogen.

Sobald ein Traum seinem Ende entgegengeht, wechselt er in die dritte Dimension über, ein Schritt, der gewöhnlich mit Plötzlichkeit vor sich geht, ähnlich einem Knall, Schlag oder Fall. Wir öffnen die Augen und sind wach!

Der Traumbereich ist ein Raum, der von jenem unseres Wachlebens ganz verschieden ist. Träume spielen sich nicht «in» uns ab; sie geschehen auch nicht «in» unserem Körper oder «in» unserer Seele. Im Gegenteil: Wir geschehen in unseren Träumen; es ist mein Ich, das innerhalb der Geschehnisse des Traumes ist. Der Traum gehört nicht mir; es ist viel eher so, daß ich, oder ein Teil meiner selbst, ein Teil des Traumes bin. Wir werden gleich auf diese wichtige Schlußfolgerung zurückkommen.

Die verschiedenen Arten von Träumen

Es gibt unzählige Arten von Träumen, ja, es ist sogar so, daß jedes Individuum seine persönliche Traumart hat. Jeder Forscher, der in seinen Untersuchungen von seinen eigenen Traumexperimenten ausgeht, erhält einen ziemlich engen Begriffskreis der ganzen Traumwelt. Jung hatte seine eigenen Traumerfahrungen, die von denen Freuds oder Leonhards völlig verschieden sind. Doch zeigen alle diese Traumarten einige allgemein gültige Züge, die in beinahe allen Träumen gefunden werden können.

Die Träume von Jung sind von einer Welt von Symbolen und Archetypen erfüllt. Freuds Träume stellen komplizierte Ereignisse dar, voll von intellektuellem Unsinn und intellektuellen Bildern. Leonhards Träume sind vollgepackt mit Erinnerungen und Absichten, die sich auf das tägliche Leben beziehen. Die meisten brauchen kaum gedeutet zu werden. Sie sind zu unkompliziert und zu sehr auf Tatsachen bezogen.

Aeppli[72] unterscheidet zwischen «kleinen» und «großen» Träumen. Den kleinen Traum nennt er einen «Alltagstraum». «Alle diese Träume», sagt er, «beziehen sich auf das Hin und Her, Auf und Nieder unseres täglichen Lebens. Wenn man ihren Sinn erfaßt, mag man lächeln darüber. Diese kleinen Träume spiegeln die Situation des Gestern, des Heute und des nächsten Morgens, ergänzen sie nach der unbeachteten Seite hin.»

Am anderen Ende der Traumskala sind die «großen» Träume. Von diesen sagt Aeppli: «In den seltenen Großträumen begegnet der Träumer seelischen Inhalten von umfassender Bedeutung und von höchst eindrücklicher Gestaltung. Aus solchen Träumen verschwindet nach kurzer Einleitung, die noch an Tageserlebnisse, an die gegenwärtige Welt des Träumers anknüpft, im Verlaufe des Traumgeschehens allmählich fast alles persönliche Erlebnismaterial. Die Gegenwartsproblematik tritt zurück, und der Traum tritt in eine Welt der elementaren Natur- und Geisteserfahrung, sich abbildend in einem großen Traumerlebnis. Der Großtraum spricht nur noch die Sprache des ganz zu Symbolen verdichteten allgemein menschlichen Erlebens ... Was er aber schaut, ist oft von einer erstaunlichen Schönheit, gemahnend an ganz große Dichtung, oft aber auch von einer furchtbaren Düsternis, hineinführend in dunkelstes Lebenschaos. Er kann ins verzehrende Licht einer gewaltigen Sonne, in herrliche Landschaften und Begegnungen mit noch nie gesehenen Menschen und menschenähnlichen Wesen geführt werden ...»

Diese Träume kündigen wichtige Wendepunkte an, die im Leben des Träu-

[72] Ernst Aeppli: «Der Traum und seine Deutung», Zürich 1960.

mers auftreten werden. Sie kommen meist an Kreuzwegen unseres Schicksals vor.

Zwischen den kleinen und großen Träumen stehen die bedeutsamen Träume, wie Aeppli sie nennt. «Man erhält in ihnen Hinweise und sieht Situationsdarstellungen auf weitere Sicht. In ihnen ist oft schon ein großer Symbolgehalt, sie enthalten schon mythische Motive, führen in archetype Situationen, bedienen sich aber doch noch der Sprache unserer Wirklichkeit und benützen reichlich das Erlebnismaterial des Träumers.»

Damit ist das generelle Spektrum der Träume vor uns ausgebreitet. Es ist eine Skala, die von den kleinen Träumen, die in der Regel allnächtlich auftreten, über die bedeutenden Träume, die viel seltener sind, zu den wenigen großen Träumen führt, die nur gezählte Male im Leben vorkommen. Wenn wir den Inhalt dieser Träume vergleichen, sehen wir sofort, daß sie ihre Substanz von zwei verschiedenen Quellen beziehen. Die kleinen Träume nehmen ihre Materialien aus den Erfahrungen des Alltagslebens. Die großen Träume haben rein geistigen Charakter; ihre Substanz fließt von den Quellen des Geistes in den Schoß des Traumes. Die bedeutenden Träume ziehen ihren Gehalt aus beiden: der Sinneswelt so gut wie der Welt des Geistes.

In bezug auf ihre Bedeutung können wir sagen, daß die kleinen Träume kaum einer Erklärung bedürfen, sie sind ein Konglomerat aus Trieben, Erinnerungen, Absichten und Emotionen, gemischt mit einigen wenigen Gedanken. Die bedeutenden Träume sind jene, die erklärt werden müssen. Mit Hilfe von Zeichen und Symbolen versuchen sie die Erinnerungen, die Geschehnisse und Absichten des Träumers zu erklären. Ihre Interpretation und Erläuterung kann von größtem Wert sein.

Die großen Träume sind jenseits von aller Interpretation. Sie sprechen für sich. Ebenso wie ein großes Kunstwerk nie interpretiert werden sollte, so sollten wir nie einen großen Traum erklären. Er ist ein Geschenk des Geistes an den Träumenden. Wie der Engel dem Zacharias erschien und ihm die Geburt des Johannes anzeigte, oder der Erzengel Gabriel, der zu Maria sprach, oder Daniel, der die Vision des kosmischen Menschen hatte. Solche Träume sind Ereignisse; sie begleiten den Träumenden durch das ganze Leben, und er kann fortdauernd Kraft und Bestätigung aus ihnen holen.

Es gibt noch andere Arten typischer Träume. Jeder erinnert sich des sogenannten Aufwachtraumes. Wir haben ihn weiter oben erwähnt. Er ist bedeutsam, weil auch in ihm zwei verschiedene Sphären die Schwelle des Schlafes durchdringen. Entweder ein äußerer Sinnesreiz: ein Klopfen an der Schlafzimmertür, aufweckende Geräusche rings um den Schläfer, das Klingeln des Weckers usw. Aber er kann auch von der anderen Seite herbeigeführt werden: durch den inneren Sinnesreiz einer organischen Störung. Kalte Füße, Herzklopfen, Magenschmerzen, Blähungen, gefüllte Blase, Zahnschmerzen und viele ähnliche Ursachen lassen Aufwachträume entstehen. Wir glauben, daß wir in eisigem

Wasser stehen oder erleben das klopfende Herz als glühenden Ofen, der das Zimmer in Flammen setzt. Solche Erlebnisse, ob sie Sinneseindrücke sind oder aus organischen Störungen entstehen, werden sofort in ein Bild umgesetzt. Das ist die Sprache des Traumes, die im Lande des Bilderbewußtseins gesprochen wird. Sobald die Bilder eine bedrohliche oder gefährliche Form annehmen, steigen Furcht, Scham oder Angst auf und ziehen den Träumer zurück in das Land des dreidimensionalen Raumes.

Eine besondere Form des Aufwachtraumes ist der sogenannte «Todestraum». Er kommt nur bei Menschen vor, die gefährlich krank sind und mit Wahrscheinlichkeit bald sterben. Manche jedoch erholen sich wieder und können sich an ihre Erlebnisse erinnern. Aeppli beschreibt einen solchen Traum, und der erschütterndste ist in der Autobiographie C. G. Jungs[73] wiedergegeben. Er erzählt von dem erstaunlichsten seiner Erlebnisse, als er hoch über die Erde hinflog. Inmitten von Licht und Wolken und Wesen hat er außergewöhnliche spirituelle Abenteuer.

«Große Landschaften tun sich auf, Lichtdurchbrüche durch wilde, finstere Felsentore, Stimmen reden aus nie gesehenen Tiefen, glänzende Burgen stehen auf hell beleuchteten Bergen; jemand ruft zur Fahrt über Strom und Meer», sagt Aeppli.

Solches sind die letzten Träume, die ein Mensch haben kann. Sie bilden die Brücke in das Land des Geistes und helfen der Seele am Tor des Todes, den Schritt zu wagen von dieser zur anderen Seite des Seins.

Der Todestraum hilft der Seele, die Schranken des Gegenstandsbewußtseins zu überwinden und in einen höheren Zustand des Bewußtseins überzugehen. Nach dem Tode sind wir fähig, zurückzuschauen auf unsere Traumerlebnisse.

Der Traum ist ein Bewußtseinszustand; wir ziehen uns jede Nacht in ihn zurück. Unser waches Leben ist eine andere Form des Bewußtseins, uns allen gemeinsam hier auf Erden. Darüber hinaus liegt ein weiterer Bewußtseinszustand, den wir erreichen, wenn wir durch das Tor des Todes schreiten.

Die Natur der Träume

Unsere Bemühungen, einige Tatsachen über Träume zusammenzutragen, ermöglichen es, das ganze Problem in neuem Licht zu sehen. Wir sahen die Träume als etwas Reales an und fanden, daß sie in einem Bewußtseinszustand auftreten, der von unserem Wachbewußtsein verschieden ist. Träume sind eine andere Form des Seins, wenn auch weniger real als unser Tagesleben.

Wir betrachteten die Beziehung zwischen diesen zwei Bewußtseinszuständen und fanden, daß wir keine Möglichkeit haben, auf unsere Tageserlebnisse zurückzuschauen, wenn wir träumen; diese sind vollständig ausgelöscht und tau-

[73] C. G. Jung: «Erinnerungen, Träume, Gedanken», Zürich und Stuttgart 1962.

chen erst wieder auf, wenn wir erwacht sind. Wir nannten dieses Phänomen eines der Grundgesetze zum Verständnis der Träume.

Andere Fragen blieben immer noch offen. Wir zögerten auszusprechen, was wir in Wirklichkeit wahrnehmen, wenn wir die verschiedenen Traumbilder beobachteten. Woher kommen sie? Sind es aufsteigende Erinnerungen? Sie erscheinen in anderer Form als die üblichen Erinnerungsbilder. Sie sind weniger deutlich, entbehren der Farben und sind überhaupt von anderer Qualität: verschwommen, fremdartig und in fortwährender Verwandlung. Sie entbehren einer Grundeigenschaft aller Erinnerungen, nämlich der Erfahrung des «déjà vu»[74]. Es ist ein Gefühl, das zurückverweist auf eine Vorstellung, von der eine Erinnerung ausgeht.

Sobald eine Erinnerung in uns auftaucht, erkennen wir sie sofort als solche. Wir erinnern uns der ersten und der folgenden Erlebnisse, die dieses spezielle Gefühl hervorriefen. In unseren Träumen dagegen tritt das Phänomen des «déjà vu» nicht auf. Die Traumerlebnisse sind Gegenwartserlebnisse, und sehr selten haben wir ein Gefühl des «Erinnerns». Vor allem tritt dieses niemals auf in Beziehung zu Bildern, die auf unsere Tageserlebnisse zurückweisen. Wir können deshalb feststellen, daß Traumbilder nicht identisch sind mit Erinnerungen.

Ebenso wie das Traumbild vermeidet, auch nur den leisesten Anklang an vorangegangene Sinneseindrücke zu haben, enthält es sich auch der Identifikation mit Erinnerungen. Träume sind aus anderem Stoff; sie sind weder direkte Überbleibsel von Sinneseindrücken noch von einfachen Gedächtnisbildern. Was also ist ihre eigentliche Natur?

Wir können einen Vergleich gebrauchen, der uns vielleicht hilft, die rätselvolle Existenz flüchtiger Traumerlebnisse zu verstehen: durch unsere Augen sehen wir die Außenwelt, mit Hilfe von anderen Sinnen akzeptieren wir die Wirklichkeit dieser visuellen Erlebnisse. Doch gibt es noch eine andere Art, die Objekte von außen anzusehen. Wir können z. B. einen Spiegel vor einen beliebigen Gegenstand stellen und, anstatt direkt auf das Objekt zu sehen, sein Spiegelbild wahrnehmen. Das Spiegelbild können wir nicht mit anderen Sinneserlebnissen verbinden. Es kann nicht betastet, geschmeckt werden usw., wir können es nur sehen. Manchmal ist es schwierig, zwischen einem solchen Bilde und dem Gegenstand selbst zu unterscheiden; dann wieder ist der Unterschied ganz deutlich.

Sind nicht alle Träume von ähnlicher Art? Sind sie nicht Spiegelbilder von irgend etwas? Sobald wir diese Möglichkeit einsehen, erfassen wir unmittelbar die Realität. Ja, Träume sind Geschehnisse, die durch einen Spiegel gesehen werden. Meine Erinnerungen, meine Begriffe, meine Ideen sind gespiegelt und

[74] Der französische Ausdruck wird heute in der Psychologie gebraucht, um das fremdartige Gefühl zu bezeichnen, das wir manchmal in Situationen haben, von denen wir glauben, sie schon einmal erlebt zu haben.

erscheinen als mein eigenes Traumerlebnis. Daher sagen wir: Der Traum gehört nicht mir; es ist viel eher so, daß ich oder ein Teil meiner selbst im Traum aufgehe, einen Teil des Traumes ausmache. Der Traum bleibt außerhalb von mir, so gut wie das Spiegelbild nicht identisch ist mit dem gespiegelten Objekt. Ich nehme meine Träume wahr, weil ich in den Spiegel sehe, in dem sie erscheinen.

Der Traumspiegel ist nicht immer so klar und nie so unbelebt wie der Spiegel, den wir im täglichen Leben benützen. Der Traumspiegel ist voll lebendiger Kräfte, die die Eigenschaft haben, die Bilder in vielfacher Art zu verwenden. Es ist eine Eigenschaft, die grundlegend für das ganze Traumleben ist. Die lebendige Kraft des Spiegels selbst ist es, die die unendlichen Variationen von Bildern erschafft.

Der Traumspiegel erhält auch Bilder aus anderen Sphären, nicht nur von unserem eigenen Unbewußten. Das Reich, das wir nach dem Tode betreten, kann sich im Traume spiegeln. Die «bedeutenden» und die «großen» Träume gehen aus dieser Spiegelung hervor. Rudolf Steiner sagte in einem seiner vielen Hinweise auf die Träume: «Unser gewöhnliches Wissen ist das Resultat unseres täglichen Lebens und seiner Erfahrungen. Aber in unsere Träume hinein spielen die Inspirationen der Engel, die Wesen der Angeloi, und diese sind wieder inspiriert von Wesenheiten der höheren Hierarchien[75].»

Wir tragen zeitlebens einen Spiegel in uns. Es ist der Spiegel, in dem unsere Träume erscheinen. Gleichzeitig können in ihm sich andere Geschehnisse und Wesen spiegeln. Rudolf Steiner sagt deshalb in dem obengenannten Vortrag: «In der Tat, wir tragen alle einen Träumer in uns, einen Träumer, der eigentlich – ich möchte sagen – weniger dicht, dünner denkt und fühlt und will, aber der eigentlich weiser ist als wir als Erdenmenschen sind ... Diesen Träumer berücksichtigen wir nicht, aber wir tun vieles, sehr vieles, was wir eigentlich nur halb selber kennen, was der Träumer in uns richtet und lenkt.»

Dieser Träumer in uns ist ein Teil unseres Lebens und Seins. Er ist weder identisch mit unserem Körper, noch ist er ein Teil unserer Seele. Er ist auch nicht unser Unbewußtes noch ein Teil unseres Gefühlslebens, doch eng verbunden mit unseren Lebens- und Verwandlungskräften. Es ist eine Sphäre, auf die Rudolf Steiner verweist als die Struktur unserer Bildekräfte. Der Erbauer unserer physischen Organe, der Träger unserer Gedanken und Erinnerungen ist der «Träumer in uns».

Solange unser Verstand wach ist und unsere Sinne am Werke sind, verbirgt sich der Träumer. Aber wenn wir einschlafen und alle Sinneseindrücke aufhören, kommt er zum Vorschein. Unsere Glieder sind entspannt, die Sinnesorgane taub, das Zentralnervensystem ist in Ruhe. Und nun nimmt der «Träumer in uns» Besitz von dem ruhenden Gehirn und Rückenmark. Diese beiden

[75] Rudolf Steiner: «Menschenschicksale und Völkerschicksale», 13. Vortrag vom 22. Juni 1915, GA Bibl. Nr. 157.

sind eingeschlossen in den Hohlräumen von Schädel und Rückgrat, die ihrerseits wieder von der «Dura mater» erfüllt sind, einer silbrig scheinenden und engmaschigen Schicht lebendigen Gewebes. Diese Dura mater ist der sphärische Spiegel für unsere Träume innerhalb des Schädels. Bilder von außen und Erinnerungen von innen erscheinen, werden gespiegelt, verändert, verwandelt – und werden damit zu unseren Träumen.

Unsere Seele und unser Geist leben im Umkreis unseres Körpers und sind während des Schlafes nicht in ihn eingeschlossen. Wenn wir träumen, schauen wir von außen auf die lebenden Bilder, die in den Hohlräumen unseres Schädels gespiegelt werden, durchsetzt und verwandelt von den Lebenskräften des «Träumers». Der Traum ist nicht in uns; er erscheint vermittels unseres Körpers, der in der Nacht Seelen-entleert ist. Aber die Seele spiegelt sich selbst im schöpferischen Spiegel unseres Schädels. Sie sieht und gewahrt ihr eigenes Spiegelbild.

Wenn wir am Tag in den Spiegel schauen, erinnern wir uns unterbewußt an unsere nächtlichen Erlebnisse. Wir haben ein dumpfes Gefühl dafür, daß ein ähnlicher Prozeß während der Nacht unsere Träume hervorgerufen hat. In früheren Zeiten war dieses Wissen sehr verbreitet, und der Spiegel wurde als magisches Instrument angesehen. Er war Symbol für die übersinnliche Welt unserer Träume.

Der Spiegel ist eines der magischen Werkzeuge, die der Mensch seit Urzeiten besitzt. Wir kennen wunderschöne Spiegel aus früheren Zivilisationen. In Chaldäa und Ägypten, Griechenland und Rom wurden Spiegel benutzt. Sie dienten nicht nur dem Stolz und der Eitelkeit der Menschen, sondern halfen ihm, sich selbst zu erkennen. Denn indem er lernte, in den Spiegel zu sehen, begann er sein eigenes Abbild wahrzunehmen.

Aber er lernte auch, durch und über das Abbild seiner selbst hinwegzusehen, und dahinter erschienen ihm die schaffenden Mächte, die einst sein Gesicht geformt und modelliert hatten in der Morgendämmerung aller Evolution. Das war der Sinn des Spiegels: daß der Mensch im Abbild seines eigenen Selbst das Bildnis Gottes gewahr werden sollte.

In den Mysterien von Eleusis wurde den Schülern gesagt, daß Dionysos einst in den Spiegel geschaut habe, den Hephaistos, der Herr der Unterwelt, ihm geschmiedet hatte. Dionysos war von seinem eigenen Bild so fasziniert, daß er nicht hörte, wie die Titanen herankamen. Sie ergriffen und zerstückelten ihn in viele Teile. Es war eine Erzählung, die die orphischen Schüler warnen sollte, nicht ihrem eigenen Spiegelbild zu verfallen.

Der Apostel Paulus sagt: «Wir sehen jetzt durch einen Spiegel in einem dunkeln Wort; dann aber von Angesicht zu Angesicht. Jetzt erkenne ich's stückweise; dann aber werde ich erkennen, gleich wie ich erkannt bin.» (I. Kor. 13,12.)

Er bezieht sich auf die Beschränktheit unseres Bewußtseins und erinnert uns daran, daß eine größere, weitere Erkenntnis von Angesicht zu Angesicht uns nach dem Tode gegeben sein wird. So wie wir jetzt gewahr werden können, daß unsere Träume Spiegelbilder und flüchtige Eindrücke sind, so werden wir einst gewahren, daß unser gegenwärtiges Leben, obgleich viel realer, doch nur eng und klein ist verglichen mit jener Wirklichkeit, die uns nach dem Tode erwartet.

Bilder erscheinen nun. Die Seele fängt an, zu sich selbst zu sprechen, sich selbst zu benennen und ihr eigenes Wesen zu beschreiben. Die Seele versteht, daß verschiedene Spiegel gebraucht werden für diese verschiedenen Bewußtseinszustände. So werden Stufen bereitet, die uns zu immer höheren Einsichten führen.

Nachwort

Wer die vorliegende Schrift «Über die menschliche Seele» von K. König heute liest, kann zwei überraschende Feststellungen machen:

Die darin überdeutlich geäußerte Kritik an der modernen Psychologie, obwohl mittlerweile 30 Jahre alt, hat kaum etwas an Gültigkeit verloren, trotz einer rasanten Entwicklung in der wissenschaftlichen Psychologie.

Dennoch finde ich die Aussagen *über die Psychologie* in diesem Aufsatz von König nicht die entscheidenden. Denn diese Schrift nimmt ihre Bedeutung und die Begründung ihrer Wiederauflage nach 20 Jahren sicher nicht aus der Kritik an der Psychologie, sondern aus dem Versuch, die menschliche Seele selbst zu beschreiben. Darin liegt die zweite bemerkenswerte Beobachtung, daß nämlich die von König meisterhaft getroffene Bildersprache der Seele immer noch so viel unausgeschöpftes Zukünftiges enthält, daß sich die Lektüre als Anregung zu eigenem psychologischem Weiterdenken lohnt.

Man unternehme z. B. einmal die Anstrengung, mit den Bildern «Empfindungen sind Kinder des Lichts», «Emotionen sind Kinder der Dunkelheit» (vgl. Seite 46) innerlich umzugehen und sie mit eigenen psychologischen Erfahrungen anzureichern, so kann man psychologische lebenspraktische Erkenntnisse daraus entwickeln, z. B. in Verständnis und Umgang mit jungen Menschen oder in der psychotherapeutischen Arbeit.

Im Vergleich mit dem Wert solcher Bilder aus der menschlichen Seele, verblassen die in dem Artikel natürlich auch zu findenden Schwächen. Es ist keine Frage, man kann diese Schrift von der menschlichen Seele mit Gewinn lesen, wenn man sich auf die ganz und gar ungewöhnliche Darstellungsweise von König einläßt.

Seit ihrem ersten Erscheinen in englischer Sprache sind 30 Jahre vergangen, und die wissenschaftliche Psychologie hat sich in fast jeder Beziehung gewaltig ausgeweitet. Diese Expansion im ganz äußeren Sinne können einige Zahlen belegen: 1960 gab es z. B. in Deutschland 31 Professuren für Psychologie, 21 Jahre später waren es bereits 385; 1960 waren 2.000 Studenten im Studiengang Psychologie immatrikuliert, 1984 waren es 22.000. Wie die Zahl der psychologischen Veröffentlichungen in einem solchen Zeitraum angewachsen ist, ist kaum noch zu überschauen.

Die wissenschaftliche Psychologie hat sich aber auch in ihren Forschungsmethoden und Arbeitsbereichen deutlich verändert. In einem Artikel zur Standortbestimmung der heutigen Psychologie, wird dieser Standort beschrieben «Zwischen Couch und Computersimulation».[1]

Fragen nach der Existenz und der Qualität der Seele als ein nicht sinnlicher Wesensbereich des Menschen liegen außerhalb der methodischen Verfügbarkeit

[1] Prof. Dr. Abele-Brehm in «Universitas», Heft 1/2, 1988, Seite 42 ff

der gegenwärtigen Hochschulpsychologie. Unter der Fülle der zutage geförderten Detailkenntnisse ist der Zugang zur menschlichen Seele großenteils verschüttet. Die moderne Psychologie sieht die Seele nicht mehr vor lauter Fakten spezialisiertester Forschungsbereiche. So weiß die Psychologie heute «sehr viel mehr über die Regulation des Blickverhaltens in der dyadischen Interaktion, über Suchstrategien bei Erinnerungsaufgaben, über Hilfeverhalten bei Anwesenheit anderer Personen, über Einstellungen gegenüber Straftätern oder über die Auslösebedingungen von Kausalattributen.» (a. a. O., Seite 44).[2]

Die Frage nach dem Bild der Seele ist trotz der weitgehend fehlenden Antworten vonseiten der psychologischen Wissenschaft nicht verstummt, sondern wird in vielen Bereichen zunehmend deutlicher hörbar und verlangt nach Hinweisen, damit aus dem Seelenbild der Menschen sich Motive ergeben können für Verstehen, Erziehen und Helfen.

Die Schrift von Karl König ist in diesem Sinne eine Hinführung zum Verständnis der menschlichen Seele.

September 1988 *Markus Treichler*

[2] Natürlich gibt es auch innerhalb der Hochschulpsychologie und Psychotherapie Ansätze, den Reduktionismus zu überwinden, so z. B. in der «Morphologischen Psychologie», in der «humanistischen Psychologie» und vor allem in der anthropologischen Psychologie und Psychiatrie, sowie in der Logotherapie.